Heike Helmchen-Menke

Krabbel-Gottesdienste

Heike Helmchen-Menke

Krabbel-Gottesdienste

Mit den Kleinsten das Größte feiern

Herder
Freiburg · Basel · Wien

Für Barbara und Katharina

Erweiterte Neuausgabe
des 1996 erstmals erschienenen Werkes gleichen Titels

Umschlaggestaltung: Finken + Bumiller
Innenillustrationen: Antje Weber

Satz: Barbara Herrmann, Freiburg
Notengraphik: Nikolaus Veeser, Schallstadt
Druck und Einband: Freiburger Graphische Betriebe 2001

Gedruckt auf umweltfreundlichem, chlorfrei gebleichtem Papier
Printed in Germany

ISBN 3-451-27575-9

Inhalt

Vorwort 7

Einleitung 9

Hinweise

Pastoraltheologische und religionspädagogische Hinweise
Der Kleinkindergottesdienst im Leben der Gemeinde 12
Zur Glaubensentwicklung und zum religionspädagogischen Konzept 14

Praktische Hinweise
Die Materialien 17
Der Raum und die Zeit 19
Elterngruppe und Mitarbeitergewinnung 20
Die inhaltliche Vorbereitung 22
Die Öffentlichkeitsarbeit 24
Schema und Aufbau der Gottesdienste 25

Gottesdienstmodelle

Grün ist die Hoffnung
Ein Gottesdienst in der Adventszeit zum Thema »Erwartung« 30

Bischof Nikolaus
Ein Gottesdienst in der Adventszeit zum Fest des heiligen Nikolaus (6. Dezember) 36

Gott hat uns die Welt geschenkt
Ein Gottesdienst in der Zeit des Frühlingsbeginns zum Thema »Schöpfung« 41

Gott lässt die Bäume blühen
Ein Gottesdienst im Frühjahr zum Thema »Bewahrung der Schöpfung« . . . 47

Vom Korn zum Brot
Ein Gottesdienst in der Fastenzeit . . . 52

Ich habe einen Namen, und ich bin getauft
Ein Gottesdienst in der Fastenzeit zur Tauferinnerung . . . 58

Nestbau
Ein Gottesdienst zu Ostern zum Thema »Neues Leben« . . . 63

Gottes guter Geist und die Taube
Ein Gottesdienst zu Pfingsten . . . 68

Ein Haus aus bunten Steinen
Ein Gottesdienst zum Thema »Gemeinsam Kirche sein« . . . 74

Begegnung
Ein Gottesdienst in der Urlaubs- und Ferienzeit . . . 79

Die Geschichte vom kleinen Hamster
Ein Gottesdienst im Herbst zum Thema »Gottvertrauen« . . . 83

Martin teilt den Mantel
Ein Gottesdienst zum Fest des heiligen Martin (11. November) . . . 89

Anhang

Lieder . . . 96
Kopiervorlagen . . . 117
Anmerkungen . . . 122
Empfehlenswerte Bücher für Kleinkindergottesdienste . . . 123

Vorwort

In Krabbel-Gottesdiensten feiern junge Familien gemeinsam ihren Glauben. Dabei ist die inhaltliche und gestalterische Ausrichtung auf die klein(st)en Kinder abgestimmt. Eine kurze und zugleich kreative und fantasiereiche Feier ist für *alle* Beteiligten wichtig. Dem steht überhaupt nicht entgegen, dass sich die Gottesdienste am Aufbau des Wortgottesdienstes der Gemeinde orientieren. Mit dieser Form der liturgischen Feier wachsen schon kleine Kinder behutsam in die lebendige Gemeinde hinein, und erfahrungsgemäß wissen sich auch viele junge Eltern in ihren religiösen Suchbewegungen ernst genommen und unterstützt.

Unter der Mitarbeit engagierter Eltern aus Krabbel- und Spielkreisgruppen sind die Gottesdienstentwürfe für dieses Buch entstanden. 1996 gehörte es noch zu den allerersten Büchern zu diesem Thema überhaupt. Inzwischen sind Krabbel-Gottesdienste in vielen Gemeinden eine Selbstverständlichkeit geworden – eine schöne Entwicklung! Die Nachfrage nach Anregung war so groß, dass ich das Buch nun in einer überarbeiteten Neuausgabe zur Verfügung stellen darf. Es sind vier neue Gottesdienste und weitere Lieder dazugekommen, ferner eine Übersicht über die wichtigsten empfehlenswerten Bücher für Kleinkindergottesdienste.

Allen Leserinnen und Lesern dieses Buches, Eltern, Erzieher(inne)n und Seelsorger(inne)n, wünsche ich viel Freude, wenn sie mit den Kleinsten das Größte feiern.

Freiburg, im Februar 2001

Heike Helmchen-Menke

Einleitung

Da beißt die Maus keinen Faden ab: Die Teilnahme am sonntäglichen Gemeindegottesdienst ist für junge Familien oft mit vielen Schwierigkeiten verbunden. Gerade mit kleinen Kindern wird der Gottesdienstbesuch nicht selten zu einer Qualstunde, in der die Eltern damit beschäftigt sind, die Kleinen einigermaßen ruhig zu halten. Auch in sehr toleranten Gemeinden bleibt das problematisch.

Gerade vor diesem Hintergrund müssen sich die christlichen Gemeinden immer wieder neu der Aufgabe bewusst werden, ihre Verantwortung für den Glauben der Familien wahrzunehmen. Das ist natürlich auf sehr unterschiedliche Weisen möglich. Aber ein »wichtiger Bereich bei der Einführung der Kinder in den Glauben ist ihre Hinführung zum Gottesdienst der Kirche«.[1]

Dabei ist zu bedenken, dass Kinder in ihrer Glaubensentwicklung verschiedene Stufen durchlaufen. Auf diese Stufen kann und sollte eigens eingegangen werden. Dazu gehört die bereits gängige Praxis in den Gemeinden, dass für verschiedene Gruppen und Altersstufen eigene Gottesdienste gefeiert werden. Kinder- und Familiengottesdienste gehören in den meisten Gemeinden bereits selbstverständlich dazu. Diese Gottesdienste sind nicht als Ersatz für den Besuch der sonntäglichen Eucharistiefeier der ganzen Gemeinde (also sozusagen als »notgedrungen zweite Wahl«) zu verstehen, sondern als eigenständige Formen des Gemeindevollzugs mit ihrem eigenen, besonderen Wert.

Dieses Buch möchte Hilfestellung geben, Krabbel-Gottesdienste in der Gemeinde zu feiern. Gemeint sind Wortgottesdienste für Familien mit Kindern im Alter von eineinhalb bis zu fünf Jahren. Dabei gehe ich davon aus, dass nicht nur hauptamtliche pastorale Mitarbeiter(innen) mit diesem Buch arbeiten werden, sondern auch pädagogische Mitarbeiter(innen) – aus dem Kindergarten oder aus der

Spielkreisarbeit – und junge Eltern, die ein Interesse am Entstehen solcher Gottesdienste haben.

Ich habe in den Gottesdienstmodellen alle Texte im Einzelnen ausformuliert, weil ich die Erfahrung gemacht habe, dass viele, die erstmals in solchen Gottesdienstkreisen mitmachen, häufig gerade dafür dankbar sind. Hingegen müssen die Hinweise zur Glaubensentwicklung des Kindes und zum religionspädagogischen Konzept hier skizzenhaft bleiben, um nicht den Rahmen eines Werkbuches zu sprengen.

Der erste Teil dieses Buches beschreibt knapp den Ort der Krabbel-Gottesdienste im Gemeindeleben und was sie in der Gemeinde bewirken können. Es folgen konkrete Anregungen zur organisatorischen Vorbereitung (Ort und Raum, Zeitrahmen, Katechetengewinnung, Öffentlichkeitsarbeit, Hilfsmaterial usw.). Hilfen zur inhaltlichen Vorbereitung (jahreszeit- und kirchenjahresbezogene Themen) und zur konkreten Durchführung (kleinkindgerechter Ablauf, Aufteilen der Einheiten) gehören ebenfalls zum ersten Teil.

Der zweite Teil enthält ausgearbeitete Gottesdienste, die sich am Kirchenjahr und den Jahreszeiten orientieren. Die Gottesdienste beziehen die Eltern zentral in die Vorbereitung und Durchführung ein. Die Entwürfe enthalten kleinkindgerechte Gebetstexte, Lieder, Bastel- und Spielideen sowie jeweils eine ausführlich dargestellte Katechese. In den Katechesen wird mit Naturmaterialien, Spielsachen und Legematerialien gearbeitet. Die Gottesdienste sind »erprobt«; sie wurden von einem Team aus Eltern und mir vorbereitet und mit den Familien gefeiert. Die Entwürfe können vollständig übernommen werden. Sie können aber auch verändert, als Fundgrube benutzt oder als Anregung für die Entwicklung eigener Ideen gebraucht werden.

Hinweise

Pastoraltheologische und religionspädagogische Hinweise

Der Kleinkindergottesdienst im Leben der Gemeinde

Gottesdienste sind Gemeinschaft stiftende Feiern. Wir feiern *unseren* Glauben – denn keiner glaubt für sich allein. Wir glauben, dass Gott uns so liebt, wie wir sind, und dass der Tod nicht das letzte Wort hat. Dieser Glaube muss weitergesagt und weitergelebt werden auch an unsere Kinder. Die Weitergabe des Glaubens wird aber immer schwieriger.

Gottesdienste *mit* Kleinkindern sind in erster Linie keine Gottesdienste *für* Kleinkinder. Vielmehr bieten sie Räume, in denen Familien mit kleinen Kindern religiöses Spiel und Weitergabe des Glaubens erleben und praktizieren können. Damit wird zugleich der Tatsache Rechnung getragen, dass viele Eltern sich mit der *religiösen* Erziehung ihrer Kinder allein gelassen fühlen. Die Eltern erfahren hier konkret »die Hilfe der Gemeinde, da weithin das stützende Milieu weggefallen ist. Besonders Eltern, die selbst der Kirche fern stehen, doch wünschen, dass ihr Kind einen Zugang zum Gottesdienst findet, bedürfen der Unterstützung der Gemeinde.«[2]

Wenn die Gottesdienste der Kleinkinder, ihrer Eltern und Geschwister dann auch noch von Eltern gemeinsam mit einem Seelsorger oder einer Seelsorgerin vorbereitet und gefeiert werden, dann sind sie ein wichtiger Teil des Selbstvollzugs der Gemeinde.

Die Gemeinde als Ganze kann belebt werden, wenn man ernst nimmt, dass Kleinkindergottesdienste zur Vertiefung des religiösen Lebens der Familien beitragen. Es können Anstöße in die Familien und in die Gemeinde getragen werden, die sich aus der besonderen Gestaltung dieser Feiern ergeben. Dadurch erleben Kinder und Erwachsene, dass man über religiöse Themen und Erfahrungen reden kann. Für die Kinder ist es wichtig zu erfahren, dass Religion nicht in einer Sonderwelt, sondern *im Alltag* stattfindet, und dass sie nicht Opfer eines Spleens ihrer Eltern sind, sondern dass auch vernünftige andere Leute zum Gottesdienst gehen. Für viele junge Eltern ist über die Krabbel-Gottesdienste ein Anknüpfungspunkt gegeben, um mit der Gemeinde (wieder) in Beziehung zu treten. Oft entwickeln sich gute Kontakte und Freundschaften, die auch frischen Wind in das Gemeindeleben bringen können.

In der gemeinsamen Vorbereitung und Feier der Gottesdienste können Eltern erleben, dass die Gemeinde mit dem Taufauftrag ernst machen möchte. Denn wenn eine Gemeinde durch die Taufe Kinder aufnimmt, dann verpflichtet sie sich ja auch, die Eltern bei der religiösen Erziehung zu unterstützen. Die Eltern erfahren, dass die Kirche (hier vertreten durch einen hauptamtlichen Mitarbeiter oder eine Mitarbeiterin) sie mit der religiösen Erziehung ihrer Kinder nicht allein lässt. Aber genauso wenig nimmt sie den Eltern diese Aufgabe ab; vielmehr nehmen beide, Eltern und Gemeinde, die Verantwortung gemeinsam wahr und unterstützen sich gegenseitig.[3]

Es ist einfach wichtig für die Kinder, dass sie den Glauben und die Feier des Glaubens über die eigene Familie hinaus erfahren. Wenn das nicht der Fall ist, dann erleben sie »Religion und Glauben nicht nur als Subjektivität, sondern als subjektive Willkür, die keinen sozialen Anhalt haben, daher keinen kommunikativen Wert und auf Dauer keine stabile Glaubwürdigkeit«.[4] Das heißt aber umgekehrt: Wo der Glaube *in einer Gruppe* als etwas Schönes und Gemeinsames erlebt wird, entwickelt sich die Grundlage für die Glaubwürdigkeit des Glaubens. Es ist daher nicht in das Belieben der einzelnen Gemeinden gestellt, sich um gottesdienstliche Erfahrungsmöglichkeiten ihrer Familien mit kleinen Kindern zu bemühen oder nicht; es gehört vielmehr zu ihren elementaren Aufgaben und Verpflichtungen.

Zur Glaubensentwicklung und zum religionspädagogischen Konzept

Die Entwicklung des Glaubens beim Kleinkind basiert natürlich auf Erfahrungen, die das Kind von Geburt an macht, und deren Deutung.[5] Wenn religiöse Inhalte für Kinder *erfahrbar* werden sollen, dann gehört natürlich auch dazu, dass sie in gottesdienstlichen Feiern Zuwendung, Wertschätzung und Offenheit erleben (statt dass sie immer ruhig gestellt werden).[6]

Grundvoraussetzung für diese Erfahrungen ist das Grundvertrauen des Kindes, zunächst gegenüber den ersten Bezugspersonen. Dieses Vertrauen entwickelt sich, indem das Kind von Anfang an Verlässlichkeit, Wärme und Geborgenheit erfahren kann. Dem Grundvertrauen entspricht das religiöse Vertrauen – die Gewissheit der *Geborgenheit in Gott*. Diese Geborgenheit meint das Wissen darum, dass Gott in jeder Situation da ist. Aus dieser Gewissheit heraus kann der Mut wachsen, Erfahrungen von Angst, Einsamkeit, Misserfolg, Verlust, Krankheit und Tod aus eigenen Kräften durchzustehen.[7]

Wir haben versucht, die Katechesen und Gebetstexte so zu gestalten und zu formulieren, dass ausgedrückt wird, wie Gott die Menschen uneingeschränkt liebt und ohne Bedingungen annimmt (z. B. »Gott hat uns alle lieb, wie wir sind«, »Gott bleibt immer bei uns«, »auch wenn wir uns streiten, ist Gott bei uns«, »wenn ich Angst habe, ist Gott ganz nah bei mir« usw.).

Ein weiterer Schritt in der Glaubensentwicklung des Kindes gründet auf positiven Erfahrungen von Naturerlebnissen. Durch das Betrachten, Gestalten, Spielen und Besprechen wird das Kind auf Naturerscheinungen in besonderem Maße aufmerksam. Das löst bei Kindern oft intensive Freude und Faszination aus, in der sie sich beschenkt fühlen. Bei diesen Erlebnissen sollte der Wert der Dinge für uns, aber auch das eigene Erleben-, Genießen- und Gestaltenkönnen bewusst gemacht werden. Daraus kann eine *Dankbarkeit für die Schöpfung und für die eigenen Fähigkeiten* erwachsen. In diesen Positiv-Erfahrungen kann das Kind in der religiösen Deutung Gott als den Guten erfahren, bei dem es sich bedanken kann.[8]

So haben wir besonders in den Gottesdiensten »Gott hat uns die Welt geschenkt«, »Gott lässt die Bäume blühen«, »Vom Korn zum Brot« und »Nestbau« versucht, Aufmerksamkeit für das Wertvolle der Welt zu wecken. Um nicht den Eindruck der Schöpfung als Fertigprodukt zu erwecken, verdeutlichen wir die Kräfte der Natur (Sonne, Regen, Wachstum usw.) und die Mitarbeit des Menschen in der Natur. Wir verwenden statt der Aussage »das hat Gott gemacht/erschaffen« die Aussage »das hat uns Gott geschenkt«. So wird die Schöpfung als Geschenk Gottes verstehbar, für das wir danken können. Aus diesem Dank kann sich ein verantwortungsvoller und kreativer Umgang mit der Umgebung und mit den Dingen des Alltags entwickeln. Neben dem Dank kann auch das Vertrauen auf Gottes Zusage, dass er die Welt erhält, den Grund für Hoffnung und Zuversicht legen. Darum geht es beim Gottesdienst vom »kleinen Hamster«.

Schließlich erlebt sich das Kind (auch über den Zusammenhang mit der Familie und der Natur hinaus) immer mehr in der Gemeinschaft mit anderen Menschen. Dabei erfährt es auch hier, dass es von Anfang an Einflussmöglichkeiten auf das Miteinander hat. Je nachdem, wie es sich zu seinen Mitmenschen (Eltern, Geschwistern, Spielfreunden, Nachbarn usw.) verhält (schreien, weinen, lachen, streicheln, hauen, wegnehmen, hergeben), bekommt es entsprechende Reaktionen. Das Kind macht schon sehr früh die Erfahrung von Verantwortung im menschlichen Miteinander. Wie die Beziehung zu anderen Menschen geprägt ist, hängt auch von der religiösen Ur-Gewissheit der Geborgenheit in Gott ab. Wenn Gott mich liebt und annimmt, wie ich bin, dann liebt er auch die anderen Menschen, wie sie sind. Den Wert, den ich für Gott habe, haben die anderen Menschen gleichermaßen. Aus dieser religiösen Grunderfahrung kann sich der »*Anspruch des Mitliebens*« erklären: Gott ist es, der alle Menschen liebt und darum Gerechtigkeit und

Nächstenliebe möchte. Weil er die Menschen liebt, kann ich sie mit ihm lieben.[9]

In den Gottesdiensten zu Pfingsten, zur Kirche, zu St. Nikolaus, St. Martin und zur Ferienzeit haben wir versucht, dem »Anspruch des Mitliebens« Gestalt zu geben. Im gemeinsamen, rücksichtsvollen Tun entstehen gemeinsame Projekte (wie der Blätterbaum und der Kirchturm). Der Gottesdienst vom »kleinen Hamster« thematisiert zudem, dass sich der Wert eines Menschen (an sich und für die Gemeinschaft) nicht nur aus seiner Arbeitskraft ableitet. Die Wertschätzung des Nächsten bezieht sich nicht nur auf die Familie und die Freunde. Auch Fremde (anderer Kultur oder Rasse), die den Kindern bei Ausflügen und Reisen begegnen, sind von Gott geliebt und dürfen von uns »mitgeliebt« werden.

Die Inhalte der Gottesdienste und die Art der Vermittlung sind für die Kinder als frühe Schritte im religiösen Erleben zu verstehen. Sie ersetzen weitere Erfahrungen und Inhaltsvermittlungen natürlich nicht. Diese frühen Erschließungsmomente und Symbolerfahrungen dürfen inhaltlich nicht überfrachtet werden und müssen sich auf wenige Grundaussagen und Erfahrungen beschränken.

Praktische Hinweise

Die Materialien

Für die Durchführung der Gottesdienste wird eine Fülle von Material benötigt. Das bedeutet für den Anfang Mühe und finanziellen Aufwand. Auch muss für die einzelnen Gottesdienste immer einiges für die Bastelarbeiten vorbereitet werden. Aber der Aufwand lohnt sich für alle Beteiligten. Ist die Grundausstattung einmal vorhanden, sind viele Variationen für weitere Gottesdienste möglich.

In den Gottesdiensten haben wir hauptsächlich farbige Tücher (Rhythmiktücher) und Naturmaterialien verwendet.

Die *farbigen Tücher* werden jeweils als Symbole gelegt – z. B. ein gelbes Tuch für die Sonne, ein blaues für das Wasser, ein braunes für die Erde, ein schwarzes für die Dunkelheit usw. Manchmal dienen die Tücher dazu, Gegenstände zu verdecken. Die Kinder können sie dann auf- und entdecken. Die Tücher können so dazu beitragen, die innere Bilderwelt der Kinder wachzurufen und die kindliche Phantasie zu fördern.

Die Verwendung von *Naturmaterialien* (Erde, Gras, Blättern, Blumen, Ästen, »Eiern« usw.) sowie von *Spielsachen* (Stofftieren, Holzspielzeug oder Duplo-Bausteinen) kann dazu beitragen, dass die Kinder ihre alltägliche Umwelt im Gottesdienstgeschehen wiederfinden. Die Umwelt kann als Gottes Schöpfung wahrgenommen werden. Der Gottesdienst wird so zu einer Feier, die tatsächlich mit dem Leben und Erleben der Kinder zu tun hat.

Ich halte es für sehr wichtig, dass die Lieder von allen mitgesungen werden können. Dazu sollten alle die gedruckten Lieder in der Hand halten können – nicht nur die Eltern, sondern auch die Kinder, die sie ihren Eltern sonst immerfort abzunehmen versuchen. Wir haben mit *Liederzetteln* angefangen, die wir für die jeweiligen Gottesdienste abgezogen haben. Mittlerweile hat sich herausgestellt, dass ein *Liederbuch* sinnvoll ist. Ich empfehle, solche eigene, »maßgeschneiderte« Liederbücher in einfachen DIN-A-5-Ordnern selbst zusammenzustellen. Dann kann man sie bei Bedarf leicht ergänzen.

Auch halte ich es im Hinblick auf das Zusammengehörigkeitsgefühl der verschiedenen Familien für wichtig, dass (zumindest) die Kinder ein *Namensschildchen* bekommen. Dann können die Katechetinnen und Katecheten auch zunächst noch unbekannte Kinder mit ihrem Namen ansprechen. Außerdem können dann Eltern, die später dazukommen, ebenfalls alle Kinder mit Namen anreden. Für die Schildchen kann man aus Moosgummi beispielsweise Wolken ausschneiden und sie mit Anstecknadeln versehen (muss vorbereitet werden). Darauf können die Eltern die Namen der Kinder schreiben. Diese Anhänger können die Familien mit nach Hause nehmen und zum nächsten Gottesdienst wieder mitbringen. Für Kinder, die neu dazukommen oder ihren Anhänger verloren haben, sollten bei jedem Gottesdienst neue Rohlinge vorrätig sein.

Vorschlag für die Grundausstattung

- *Farbige Tücher* (Rhythmiktücher in Rot, Gelb, Orange, Blau, Grün, Braun, Schwarz, Weiß, Grau, Violett). Diese Tücher kann man selbst nähen (Format 1 × 1 Meter) oder kaufen.[10] Wer »langsam« einsteigen möchte, kann statt der Tücher auch buntes Kartonpapier verwenden.
- *Naturmaterialien* (Erde, Gras, Blumen, Zweige usw.). Sie können zu den Gottesdiensten aus Gärten, Wiesen oder aus dem Wald mitgebracht werden.
- *Liederzettel oder Liederbücher* in ausreichender Anzahl
- *Material für Namensschildchen* (evtl. Moosgummi mit Anstecknadel, Buttons oder Papierschilder, die mit Kreppklebeband auf die Pullis der Kinder geklebt werden)
- *Farbiges Kartonpapier* (in allen Grundfarben) zum Basteln
- Eine dicke *Kerze* mit Kerzenständer (evtl. mit Wachsplatten verziert)

- *Körbchen* in unterschiedlichen Größen
- *Teelichter*
- *Moosgummi*
- *Kinderscheren und Klebstoff für Kinder*
- *Wachsmalstifte, Buntstifte*
- Verschiedene *Bastelmaterialien* für einzelne Gottesdienste
- *Teppichfliesen* zum Sitzen oder Hocken auf dem Boden

Für die entstehenden Kosten sollten nicht die Eltern aufkommen müssen (für die Teilnahme an Gottesdiensten soll kein »Eintrittsgeld« verlangt werden). In jedem Gemeindehaushalt gibt es Etats, die für Ausgaben der Gottesdienstgestaltung, der Katechese oder der Kinder- und Jugendarbeit gedacht sind. Ich empfehle dringend, dass die Finanzierung der Krabbel-Gottesdienste aus diesen Etats gesichert wird (falls kein hauptamtlicher Mitarbeiter im Vorbereitungsteam ist, dann bitte Kontakt mit den hauptamtlichen Seelsorgern aufnehmen).

Der Raum und die Zeit

Für die Krabbel-Gottesdienste ist es wichtig, dass sich die Eltern und Kinder im Stuhlkreis versammeln und setzen können. Vielleicht möchten die Kinder auch lieber auf dem Boden sitzen. Dazu empfiehlt es sich, einzelne Teppichfliesen als Sitzkissen auf den Boden zu legen. Die können günstig eingekauft werden oder aus Teppichbodenresten selbst zugeschnitten werden. Es ist wichtig, dass Kinder nicht einfach auf dem Boden herumrutschen, sondern dass sie ihren eigenen (warmen) Platz haben. In der Kreismitte wird die Katechese entfaltet. Die Kinder können um die Mitte herumkrabbeln; alle können sich beteiligen, alle sind gleich nah an der Mitte.

Kaum ein Kirchenraum bietet zum einen die Möglichkeit, einen Kreis zu bilden, und verfügt zum anderen über einen warmen und weichen Fußboden. Daher empfehle ich, die

Krabbel-Gottesdienste im Gemeindezentrum, Pfarrheim, Pfarrsaal (oder wie auch immer das Gebäude jeweils heißen mag) zu feiern. In diesen Räumlichkeiten finden häufig ja ohnehin auch die Krabbelgruppen und Mini-Clubs statt. Kindergesicherte Steckdosen und Wickelmöglichkeiten gehören oft genauso dazu wie *ein großer, freundlicher Raum* mit ausreichender Bestuhlung und Teppichboden.

Es hat sich herausgestellt, dass es in der Regel für Familien am *Samstag Nachmittag* (ca. 17.00 Uhr) günstig ist, sich zu einem Gottesdienst zu versammeln. Der Mittagsschlaf der Kinder und der evtl. Nachmittagsspaziergang sind vorbei; beide Elternteile können (wenn sie das möchten) mit den Kindern zusammen zum Krabbel-Gottesdienst kommen und sind früh genug zum Abendessen zurück.

Die Gottesdienste sollten *ca. 30 Minuten* dauern. Das ist für die Kinder schon recht lange; aber durch die Bastel- und Spieleinheiten können sie einerseits kaum kürzer sein, und sie sind andererseits durch die Abwechslung auch ausreichend kurzweilig.

Gerade am Anfang empfehle ich *regelmäßige Abstände* zwischen den Gottesdiensten (z. B. alle vier Wochen) und eine langfristige Planung, damit die Familien sich schon auf die nächsten Termine einstellen können.

Wenn Interesse besteht, ist es auch sehr schön, vor oder nach dem Gottesdienst die Familien zu einem gemeinsamen Kaffeetrinken einzuladen. Kaffee, Tee, Säfte und Kuchen können verschiedene Familien abwechselnd mitbringen. So können sich die Familien besser kennen lernen; es entsteht ein Zusammengehörigkeitsgefühl und vielleicht auch ein Interesse an der Mitarbeit bei der Vorbereitung der Gottesdienste.

Elterngruppe und Mitarbeitergewinnung

Eine der ersten und wichtigsten Aufgaben beim Einstieg in Kleinkinder-Wortgottesdienste ist die Gewinnung von Eltern zur verantwortlichen Mitarbeit. Von Anfang an sollte klar sein, dass es bei den Gottesdiensten nicht um ein Service-Angebot geht, sondern um die *gemeinsame Aufgabe* der religiösen Erziehung der Kinder und des religiösen Lebens der Familien.

Ein Informationsabend für interessierte Eltern vor Beginn der Gottesdienste könnte helfen, dieses Anliegen zu verdeutlichen. Es ist ideal, wenn eine hauptamtliche pastorale Mitarbeiterin (oder ein Mitarbeiter) in der Vorbereitung und Durchführung aller Gottesdienste dabei ist. Er oder sie kann die theologische Beratung und organisatorische Leitung (im Sinne eines Informationsknotenpunktes) übernehmen. Damit ist auch der Kontakt zur Gesamtgemeinde gewährleistet. Zudem sind dann auch Finanzierungsmöglichkeiten und die Nutzung des Büros (Fotokopien, Bücher, Materialanschaffungen, Öffentlichkeitsarbeit usw.) problemloser gegeben.

Zunächst einmal empfiehlt es sich, die engagierten Eltern der Krabbelgruppen (unbedingt persönlich!) anzusprechen und zu gewinnen. Diese werden wieder andere Eltern kennen und das Anliegen weitergeben. Die öffentliche Einladung zu einem Infoabend schließlich wird evtl. auch noch Familien erreichen, die bis dahin niemand im Blick hatte.

Die Vorbereitung und Durchführung der Gottesdienste sollte von möglichst vielen Eltern konkret mitgetragen werden. Dabei geht es nicht nur um das Verteilen von Aufgaben (Materialbeschaffung, Vorbereiten der Bastelarbeiten usw.), sondern in erster Linie um das Miteinander in der Verantwortung für die religiöse Erziehung der Kinder. Nach meiner Erfahrung lassen sich viele Eltern dabei dann gern mit in die Verantwortung nehmen, wenn klar ist, dass sie nicht allein damit stehen bleiben. Ein(e) pastorale(r) Mitarbeiter(in) kann und sollte die interessierten Eltern immer wieder zusammenrufen, neu motivieren und begleiten. Das Vorbereitungsteam kann dauerhaft zu einer festen Gruppe werden, muss es aber nicht.

Die gemeinsame Vorbereitung kann sich auch darin ausdrücken, dass sich jeweils drei Elternteile die Durchführung des Gottesdienstes *aufteilen.* Keiner muss dann allein der Leiter oder die Leiterin sein. Zusammen sind sie Katecheten und Katechetinnen. Dabei könnte eine(r) die Begrüßung, die Einführung, das Schlussgebet und den Segen übernehmen. Ein(e) zweite(r) Katechet(in) könnte den ersten Teil der Katechese übernehmen. Ein(e) dritte(r) könnte den zweiten Teil der Katechese, also den Bastelteil, leiten. Die Katechet(inn)en sollten ohnehin öfter wechseln. Gerade die Moderation der Bastelarbeit kann auch ein im Reden ungeübter Erwachsener übernehmen. Je mehr Eltern sich an der Vorbereitung und der Durchführung beteiligen, desto mehr werden die Gottesdienste zu gemeinsamen und gemeinschaftlichen Feiern.

Unter den Eltern gilt es *Musiktalente* zu entdecken. Einige Mütter oder Väter werden ein Instrument (möglichst ein Begleitinstrument wie Gitarre, Klavier oder Akkordeon) spielen können. Da die Lieder sehr einfach sind, reichen Grundkenntnisse. Sollte aus dem Elternkreis keiner ein solches Instrument spielen, dann kann man bei einer Musikgruppe der Gemeinde anfragen. Besonders Jugendliche haben oft ein Interesse an solchen Gottesdiensten. Aus ihren Reihen lässt sich bestimmt ein(e) Gitarrenspieler(in) gewinnen.

Für die Vorbereitungsteams kann es hilfreich sein, z. B. im Pfarrhaus ein *eigenes Regal* mit Vorbereitungsmaterial (vor allem religionspädagogischen Büchern, katechetischen Anregungen, Bastelbüchern, Zeitschriften, einem Ideenkarton usw.) einzurichten (siehe dazu auch die Hinweise auf empfehlenswerte Bücher im Anhang, S. 123).

Die inhaltliche Vorbereitung

Für die thematische Vorbereitung der Gottesdienste finde ich einige Bereiche sehr hilfreich und ergiebig: das Kirchenjahr, die Jahreszeiten, biblische Erzählungen sowie Erlebnisse aus der unmittelbaren Umwelt und dem Alltag.

So sind in diesem Buch aus dem *Kirchenjahr* die Gottesdienste zum Advent, zu St. Nikolaus, zur Fastenzeit, zu Ostern, Pfingsten und St. Martin enthalten. Auch der Tauferinnerungsgottesdienst in der Fastenzeit gehört zu diesem Themenbereich. Der »Kirchen«-Gottesdienst kann z. B. auch gut zum Kirchweihfest der Gemeinde genommen werden. Weitere Themen könnten Erntedank, St. Barbara, eine weihnachtliche Krippenfeier oder das Fest der Heiligen Drei Könige sein. Darüber hinaus hat jede Gemeinde noch ihr Patronatsfest. Sehr schön bietet sich auch eine Tauffeier (z. B. von einem neugeborenen Kind aus der Elterngruppe) an, um zu diesem Anlass einen Krabbel-Gottesdienst zu gestalten.

Den *Jahreszeit*-Motiven sind in diesem Buch der Frühjahrsgottesdienst (»Gott lässt die Bäume blühen«), der Sommergottesdienst (über die Ferienzeit) und der Herbstgottesdienst (mit dem »kleinen Hamster«) angelehnt. Als Fortsetzung bietet sich natürlich z. B. der Winter (scheinbarer Lebensstillstand in der Natur usw.) an. Dieselben Motive lassen sich von Jahr zu Jahr neu und anders aufschlüsseln.

Biblische Geschichten sind eine schier unerschöpfliche Quelle der Inspiration. Wir haben die Schöpfungserzählung im Gottesdienst »Gott hat uns die Welt geschenkt« in einem ersten Zugang verarbeitet. Das könnte man in vielen Variationen machen. Andere biblische Geschichten, die sich durch ihre reiche Bilderwelt für Kinder ebenfalls sehr gut eignen, sind z. B. die Geschichte von der Arche Noah oder das Buch Jona (Jona und der Wal).

Des Weiteren sind die Themen aus der unmittelbaren *Umwelt und dem Alltag* wichtig. Wir haben die Geschäftigkeit des Alltags (in der Geschichte des kleinen Hamsters) oder die Begegnung mit ausländischen Mitbürgern (im Feriengottesdienst) thematisiert. Weitere Themen könnten das Spielen auf dem Spielplatz (Gottes Liebe ist wie ... wenn Mama oder Papa dich beim Rutschen auffängt), Krabbeln und Laufen, die Welt benennen, Tiere, Streit und Versöhnung, besondere Feste usw. sein.

Zunächst einmal aber kann man mit den hier ausgearbeiteten Modellen ein Jahr bestreiten. Für die Vorbereitung weiterer Gottesdienste ist dann bei den Mitarbeiterinnen und Mitarbeitern vielleicht schon ein vertrauter Umgang mit dieser Form gewachsen. Die Themen werden einem vermutlich nie ausgehen, und die Diskussion um die Umsetzung wird spannend bleiben.

Natürlich müssen die Themen in ihren Grundanliegen jeweils auf den Punkt gebracht werden. Sie sollten nur *einen* Vergleichs- oder Symbolgedanken je Gottesdienst enthalten. Auf diese Weise werden die Vorbereitungstreffen oft auch zu einem Glaubensgespräch der Mitarbeiterinnen und Mitarbeiter untereinander. Es ist ja gerade die Kunst, aus den überlieferten Erzählungen, den Inhalten des Kirchenjahres und den Gegebenheiten des Alltags und der Natur das herauszufiltern, worauf es im christlichen Glauben ankommt. Die Vorbereitung der Katechese kann so für die Eltern in einem ersten Schritt eine Auseinandersetzung mit den wesentlichen und existenziellen Glaubensinhalten sein. In einem zweiten Schritt kommt dann die Frage: »Wie sag' ich's meinem Kinde?« Um für diese Prozesse genügend Zeit zu haben, empfehle ich, dass man für die Vorbereitung eines Gottesdienstes jeweils einen Abend ansetzt.

Die Öffentlichkeitsarbeit

Für die Krabbel-Gottesdienste muss natürlich einladend geworben werden. Die Ankündigungen, Informationen und Einladungen sollten zunächst einmal innerhalb der Gemeinde über die üblichen Kommunikationswege *(Pfarrbrief, Gemeindeblatt, Gottesdienstordnung, Schaukasten o. Ä.)* stattfinden. Besonders augenfällig sind *Plakate* mit einem gleich bleibenden Logo (z. B. spielenden Kindern). Diese Plakate können dann eine Woche vor dem jeweiligen Gottesdienst in der Kirche, im Gemeidezentrum, Pfarrheim usw. aufgehängt werden. Nach Absprache mit den örtlichen Kindergärten können evtl. auch dort Plakate aufgehängt werden. Auch *Handzettel,* die in den Krabbelgruppen und Mini-Clubs verteilt werden, können zum Erfolg beitragen. Die Verteilung von Handzetteln und das Aufhängen der Plakate kann von Eltern übernommen werden.

Damit auch Familien angesprochen werden, die keinen oder nur wenig Kontakt zur Gemeinde haben, halte ich die Information und Ankündigung in der örtlichen *Zeitung* für sehr wichtig. Meist genügt ein regelmäßiger Anruf bei der Lokalredaktion. Sonst kann die Information auch über das Pfarrbüro mit den sonstigen kirchlichen Meldungen weitergegeben werden.

Die wichtigste Form der Werbung und Einladung ist aber sicher die *Mund-zu-Mund-Propaganda.* Bei den Gottesdiensten selbst kann eine Jahresübersicht mit allen geplanten Terminen verteilt werden. Dann können sich die Familien langfristig darauf einstellen.

Schema und Aufbau der Gottesdienste

Die zwölf Gottesdienste, die im Folgenden vorgestellt werden, sind immer nach demselben Schema aufgebaut. Dieser Aufbau orientiert sich am Wortgottesdienst der Eucharistiefeier der Gemeinde:

- Begrüßung
- Kerze anzünden, Kreuzzeichen
- Lied
- Katechese, Teil A (Biblische Geschichte, Naturphänomen oder Erlebnisse der Kinder- und Familienwelt)
- Lied
- Katechese, Teil B (Spiel, Bastelarbeit o. Ä.)
- Gebet
- Segen
- Lied

▶ *Über die Begrüßung*

Kurz muss sie sein und möglichst bei jedem Gottesdienst ähnlich. Sie sollte den Aspekt des Zusammenseins und der gemeinsamen Feier hervorheben.

▶ *Über die Kerze*

Trotz der möglichen Gefahren für Kinder empfehle ich, für den Gottesdienst eine Kerze zu benutzen – möglichst eine dicke, die von allein stehen kann. Sie kann vom Team mit bunten Wachsplatten gestaltet und zu jedem Gottesdienst wieder benutzt werden. Die Kerze kann vom Katecheten oder von einem älteren Kind angezündet werden. Nach dem Entzünden sollte die brennende Kerze aus der Mitte wieder herausgenommen und an einen sicheren, aber noch sichtbaren Platz gestellt werden (Krabbelkinder lieben es, mit Kerzen zu spielen!).

▶ *Über das Kreuzzeichen*

Viele Krabbel-Gottesdienste sind ökumenische Feiern. Für evangelische Christen gehört es nicht zu ihrem religiösen Vollzug, dass sie mit der Hand das Kreuzzeichen machen. Ökumene heißt aber bekanntlich nicht, dass man das jeweils Eigene einfach weglässt, sondern dass man sich durch Offenheit und Aufgeschlossenheit aufeinander einlässt und aufeinander zu bewegt. Deshalb empfehle ich, dass in aller Freundlichkeit und ohne falsche Scheu zum Kreuzzeichen eingeladen wird. Es lässt sich ja leicht jedesmal neu kurz ansprechen, dass hier die Praxis verschieden ist und nicht immer alle dasselbe tun.

Für die Kinder haben wir es als hilfreich erlebt, wenn der Katechet oder die Katechetin das Kreuzzeichen jeweils langsam vorgemacht und erklärt hat (z. B.: »Ich nehme jetzt meine Hand und berühre meine Stirn, dann berühre ich meine Brust und dann meine Schultern«), und die Eltern die Hände ihrer Kinder geführt haben.

▶ *Über die Lieder*

Im Anhang sind Vorschläge für Lieder abgedruckt. In jedem Gottesdienst haben wir drei- bis viermal gesungen. Dabei haben wir jeweils eines der Lieder zweimal gesungen, ein neues Lied (meist zum Thema) hinzugewählt und ein Standardlied durchgehend beibehalten (d. h. wir haben am Schluss eines jeden Gottesdienstes das Lied »Wir singen alle Hallelu-« gesungen). Dieses Bewegungslied gibt den Kindern noch mal die Möglichkeit, sich zur Musik zu bewegen, zu stampfen und zu trampeln. Ein Begleitinstrument (z. B. eine Gitarre) ist eine ungeheure Bereicherung.

▶ *Über die Katechese und über das Gebet*

Ich habe versucht, in der Katechese und bei den Gebeten viel in der »Wir«-Form auszudrücken (»Wir können jetzt basteln, wir feiern heute Gottesdienst, wir können singen« usw.). Man sollte jedoch darauf verzichten, auch Emotionen in der »Wir«-Form zu benennen. Denn wenn ich z. B. sage: »Wir wollen uns jetzt freuen«, ist es nun einmal so, dass diejenigen Kinder (oder Erwachsenen) ausgegrenzt werden, die sich aus unterschiedlichen Gründen jetzt nicht freuen wollen oder können.

Von Gott reden wir als dem »guten Gott« oder »lieben Gott«. Begriffe wie »Heiliger Geist« haben wir nicht umbenannt, da sie den Kindern in allen anderen Gottesdiensten und religiösen Zusammenhängen so begegnen werden.

Die Katechesen werden in verschiedenen Gemeinden sehr unterschiedlich ausfallen – je nachdem, ob größere Kinder dabei sind oder nicht. Kinder, die schon gut sprechen und etwas abstrakt denken können, sind natürlich ein großer Gewinn für die Gedankenentwicklung, weil sie Fragen beantworten und Ideen in die Runde rufen können. Je weniger größere Kinder da sind, desto mehr werden die Katecheten und Katechetinnen selbst erzählen und erklären. Wenn die Kinder zu unruhig werden, empfiehlt es sich, stark zu kürzen: Lieber einen kurzen, entspannten

Gottesdienst feiern als einen längeren, der aber für Eltern und Katechet(inn)en stressig ist.

Ich kann es sehr empfehlen, die Aufgaben auch während der Katechese etwas zu verteilen: Eine(r) spricht, eine(r) legt das Material zurecht, ein(e) andere(r) gibt die Körbchen weiter usw. Die jeweilige Verteilung sollte man unbedingt vorher absprechen!

▶ *Über den Segen*

Wir bitten um den Segen Gottes – dass Gott bei uns allen bleibe und wir in seiner Liebe bleiben können. Die Segensbitte stellt das Thema des Gottesdienstes und die Beteiligten selber abschließend noch einmal unter den Schutz Gottes. Segen kann man sich nicht selbst geben, so wie man sich die Liebe eines anderen nicht selbst nehmen kann; darum kann man nur bitten. Diese Grunderfahrung kann meiner Ansicht nach nicht früh genug in einer ritualisierten Bitte formuliert werden. Daher halte ich es für wichtig, an das Ende eines jeden Gottesdienstes die Segensbitte zu stellen.

Gottesdienst-modelle

Grün ist die Hoffnung

Ein Gottesdienst in der Adventszeit zum Thema »Erwartung«

Vorbereitung

- *Namensschildchen*
- *Eine große, dicke Kerze (wenn möglich, mit Zierwachs geschmückt)*
- *Vier große, dicke, rote Kerzen (sollten von allein stehen können); Streichhölzer*
- *Ein rotes Tuch (oder ein großer roter Kreis aus Kartonpapier)*
- *Ca. 30 Tannenzweige (je nach Anzahl der Kinder)*
- *Teelichter (für jedes Kind eines)*
- *Ein großer (Weihnachts-)Stern aus Gold- oder Silberpapier*
- *Kleine Sterne für jedes Kind (z. B. aus dickem gelben Kartonpapier oder Pappe)*
- *Wachsmalstifte, Scheren und Klebstoff*
- *Evtl. Schmuck für den Adventskranz (Tannenzapfen, Äpfel, Päckchen ...)*

Begrüßung

Liebe Kinder, liebe Eltern: Schön, dass ihr hierher gekommen seid! Zu Fuß, mit dem Fahrrad oder mit dem Auto seid ihr gekommen. Dass wir alle hier sein können, ist prima. Darüber können wir uns freuen. Gott möchte, dass wir uns freuen; er möchte, dass es uns gut geht. Hier im Gemeindezentrum unserer Kirche können wir heute gemeinsam einen Gottesdienst feiern.

Kerze

Zu unserem Gottesdienst gehört die Kerze. Sie erinnert uns daran, dass Gott immer bei uns ist. *(Kerze anzünden oder anzünden lassen.)*

Kreuzzeichen

Die Erwachsenen beginnen den Gottesdienst mit dem Kreuzzeichen. Dabei denken sie an Gottvater, an Jesus und an den Heiligen Geist. Das können wir auch gemeinsam tun.

Der Katechet oder die Katechetin beschreibt die Bewegung (z. B.: »Ich nehme meine Hand und lege sie zuerst an die Stirn, dann an die Brust und dann an die beiden Schultern.«). Die Eltern können Arme und Hände ihrer Kinder nehmen und die Bewegungen lenken.

Jetzt ist eine ganz besondere Zeit. Zu Hause ist es geschmückt. Viele grüne Zweige sind im Haus. Obwohl die meisten Bäume kahl sind, sind doch die Tannen sogar jetzt im Winter grün. Sie zeigen uns, dass auch die anderen Bäume im nächsten Jahr wieder grün werden. Ich freue mich schon darauf. Ich warte schon darauf. Aber nicht nur darauf. Es ist Advent – eine schöne Zeit zum Warten und Erwarten. Wir erwarten Weihnachten.

Lied

Wir sagen euch an den lieben Advent *(siehe Anhang, S. 96)*

Dieses Lied ist für die Kinder eher schwer zu singen und zu verstehen. Ich meine, dass man es dennoch singen kann, weil viele Kinder dieses Lied von zu Hause her kennen. Man kann es aber auch ersetzen durch: Wir feiern heut' ein Fest *(siehe Anhang, S. 104).*

In der Mitte des Raumes liegt ein rotes Tuch. Die Tannenzweige, Sterne, Teelichter und die vier dicken Kerzen sind in Reichweite der Katechet(inn)en.

Heute liegt in unserer Mitte ein rotes Tuch. Was könnte unser rotes Tuch darstellen? *(Die größeren Kinder rufen vielleicht etwas wie »Ball«, »Sonne«, »Feuer« o. Ä.)*

Ja, das alles könnte unser Tuch bedeuten. Heute soll unser Tuch mal ein Tisch sein. Auf dem Tisch ist noch nichts drauf. Was habt ihr denn zu Hause auf den Tischen? *(Die größeren Kinder rufen vielleicht: »Geschirr«, »Spielzeug«, »Adventskranz« o. Ä.)*

Einen Adventskranz habt ihr auf den Tischen? Habt ihr noch etwas in eurer Wohnung, das gewöhnlich nicht da ist? *(Es kommen vermutlich Antworten wie: »Gestecke«, »viele Kerzen«, »Adventsschmuck« usw.)*

Das habt ihr alles zu Hause? *(Falls kein Kind etwas sagt, dann erzählt der Katechet oder die Katechetin von verschiedenem Adventsschmuck.)*

Bei uns hier im Raum steht noch nicht viel. Auf unserem roten Tuch (also unserem Tisch) können wir heute zusammen einen Adventskranz machen. Der wird viel größer als euer Kranz zu Hause; er muss ja auch für uns alle reichen.

Die größeren Kinder (und die kleinen mithilfe ihrer Eltern) legen jetzt aus den Tannenzweigen einen großen, runden Adventskranz. Der Durchmesser sollte ca. einen Meter betragen.

So ein großer Kranz! Ein bisschen kahl ist er noch. Was fehlt denn? Womit könnten wir ihn noch schmücken? *(Antworten könnten z. B. sein: »Kerzen«, »Kerzenständer«, »kleine Tannenzapfen«, »kleine Äpfel«, »bunte Päckchen«, »Hagebutten« usw. – falls vorhanden, den Kranz damit schmücken lassen; ansonsten gleich mit den Kerzen fortfahren.)*

Schaut mal: Große Kerzen haben wir dabei. Die stellen wir jetzt in den Kranz hinein.

Die vier großen Kerzen in den inneren Kreis des Kranzes auf das rote Tuch stellen (über die Zweige hinweg wird kaum ein Kind mit den Kerzen spielen wollen); je nach Adventssonntag eine bis vier anzünden oder anzünden lassen.

Eure Adventskalender haben für jeden Tag ein Türchen. Jeden Tag kommt Weihnachten näher. Euer Adventskranz zu Hause ist zu klein, als dass man jeden Tag eine neue Kerze anzünden könnte. So gibt es nur jeden Sonntag eine neue Kerze – vier Kerzen bis Weihnachten. Ein *(zwei, drei)* Sonntag ist schon vorbei, also zünden wir jetzt eine *(zwei, drei)* Kerze an. Unser Kranz ist so groß, dass wir für jeden Tag des Advents eine Kerze dazustellen können.

Jedes Kind bekommt ein Teelicht und stellt es allein oder mithilfe der Eltern um den großen Adventskranz herum. Aus Sicherheitsgründen werden diese Lichter – zumindest hier – nicht angezündet.

Wenn wir die Kerzen anzünden, dann wird es immer heller. Und wenn alle Kerzen an sind, dann ist das Weihnachtslicht da. Das erwarten wir mit unseren grünen Zweigen. Das Weihnachtslicht ist Jesus. Für Jesus wollen wir jetzt einen Stern in die Mitte legen. Denn ein Stern hat den Menschen gezeigt, wo Jesus geboren ist.

Das Licht können wir später nach Hause tragen:

Lied

Tragt in die Welt nun ein Licht *(siehe Anhang, S. 101)*

Katechese, Teil B

Damit ihr das Licht nach Hause und in die Welt tragen könnt, wollen wir jetzt einen Stern mit einem Licht basteln.

Jedes Kind bekommt einen Stern, eine Kerze und ein kleines Stück Tannengrün. Der Stern kann jetzt mit den Wachsmalstiften angemalt werden. Dann eines der Teelichter vom Kranz und ein Stück Tannengrün darankleben.

Den Stern mit der Kerze und dem Tannengrün dürft ihr mitnehmen. Die Kerze könnt ihr dann zu Hause mit euren Eltern anzünden.

Lied

Falls noch Zeit ist, kann man noch mal singen:

Tragt in die Welt nun ein Licht *(siehe Anhang, S. 101)*

Gebet

Lieber Gott, jetzt ist eine besondere Zeit. Wir warten auf Weihnachten und wir erwarten Jesus, das Weihnachtslicht. Dafür schmücken wir unser Haus mit grünen Zweigen und Kerzen. Wir wollen auf das Weihnachtslicht warten. Mache es bei uns hell und bleib immer bei uns. Amen.

Segen

So segne uns und alle Menschen, die wir lieb haben, und die, die heute nicht dabei sein konnten, der gute Gott: der Vater, der Sohn und der Heilige Geist. Amen.

Lied

Tragt in die Welt nun ein Licht *(siehe Anhang, S. 101)*

(Am Ende dieses Gottesdienstes ausnahmsweise nicht das Lied Wir singen alle Hallelu–.*)*

Bischof Nikolaus

Ein Gottesdienst in der Adventszeit zum Fest des heiligen Nikolaus (6. Dezember)

Vorbereitung

- *Namensschildchen*
- *Eine große, dicke Kerze*
- *Ein großes Tuch (z. B. eine runde, weiße Tischdecke)*
- *Ein selbst gebastelter Bischofshut (eine Mitra)*
- *Ein Holzschiff oder die Umrisse eines Schiffes, aus Karton(papier) ausgeschnitten*
- *Ein Säckchen mit Getreide. (Ganze Körner gibt es preiswert in Reformhäusern oder Bioläden zu kaufen.)*
- *Ein kleiner Laib Brot*
- *Für jedes Kind ein Säckchen (z. B. eine gebundene Serviette), gefüllt mit einem Apfel, einer Mandarine und einem Lebkuchen (gibt es im Reformhaus auch zuckerfrei)*

Viele kleine Kinder haben Angst vor einem Menschen, der sich als Nikolaus verkleidet hat. Daher schlagen wir vor, dass vom Nikolaus erzählt und gesungen wird, dass er aber selber nicht »auftritt«.

Es bietet sich an, den Gottesdienst mit einer kleinen, gemütlichen Feier für Kinder und Erwachsene ausklingen zu lassen. Kinderpunsch, Glühwein und Nikolaus-Hefemännchen sind leicht vorzubereiten oder auch fertig zu kaufen.

Begrüßung

Liebe Kinder, liebe Eltern. Wir freuen uns, dass ihr gekommen seid. Kalt *(nass, verschneit oder was auch immer)* ist es draußen. Hier drinnen haben wir es warm und trocken. Gemeinsam können wir heute wieder Gottesdienst feiern, und Gott ist mit bei uns. Er möchte, dass wir uns freuen können.

Kerze

Zu unserem Gottesdienst gehört die Kerze. Sie erinnert uns daran, dass Gott mitten unter uns ist. *(Kerze anzünden oder anzünden lassen.)*

Kreuzzeichen

Wir beginnen den Gottesdienst mit dem Kreuzzeichen.

Der Katechet oder die Katechetin beschreibt die Bewegung (z. B.: »Ich nehme meine Hand und lege sie zuerst an die Stirn, dann an die Brust und dann an die beiden Schultern.«). Die Eltern können die Arme und Hände ihrer Kinder nehmen und die Bewegung sanft lenken.

Heute wollen wir ein Fest feiern. Das Fest des heiligen Nikolaus. Viele kennen ihn. Er hat heute *(hat morgen, hatte gestern …)* Namenstag.

Lied

Zum Nikolausfest *(siehe Anhang, S. 116)*

Katechese, Teil A

In der Mitte liegt ein rundes weißes Tuch.

Vor vielen, vielen Jahren lebte ein Mann. Den mochten die Menschen sehr gerne. Er hatte ein Herz für die armen Leute, ganz besonders sorgte er sich um die Kinder. Der Mann hieß Nikolaus. Er war ein Bischof. Ein Bischof zu sein, das ist eine wichtige Aufgabe in der Kirche. Man kann einen Bischof an seinem prächtigen Bischofshut (der Mitra) erkennen. *(Den Bischofshut auf das weiße Tuch legen.)*

Der heilige Nikolaus lebte in einer schönen Stadt am Meer. Die Stadt hieß Myra. Einmal gab es in der Stadt und auf dem Land lange keinen Regen. Die Körner konnten nicht wachsen, die Blumen nicht, auch keine Früchte (Äpfel, Mandarinen ...). Deswegen hatten die Menschen bald nichts mehr zu essen. Kein Brot, kein Obst, es gab einfach nichts mehr zu essen. Das war eine Hungersnot. Der Hunger tat besonders den Kindern weh.

Da kam ein Schiff angefahren. *(Das Schiff auf das weiße Tuch stellen.)* Es flüchtete sich vor einem Sturm auf dem Meer und wartete nun bei der Stadt im Hafen. Das Schiff hatte Getreide – Körner – geladen. Daraus kann man Mehl machen und Brot backen. *(Jetzt das offene Säckchen mit Getreidekörnern in das Schiff stellen. Die Getreidekörner vorher evtl. herumgeben, damit die Kinder sie mit den Händen fühlen und sie durch die Finger rieseln lassen können.)*

Die Menschen in der Stadt Myra hofften, dass sie das Getreide haben könnten. Sie brauchten es gegen den großen Hunger. Die Menschen liefen zum Schiff und riefen: »Bitte gebt uns von dem Korn. Wir brauchen es. Wir haben Hunger.«

Aber der Kapitän sagte: »Das Korn gehört dem Kaiser. Ich muss es zu ihm bringen. Ich darf nichts davon abgeben.« Da waren die Leute sehr enttäuscht und verzweifelt. Sie liefen zum Bischof Nikolaus. Er sollte helfen. Und Nikolaus ging zu dem Schiff und sprach mit dem Kapitän. Er sagte: »Die Menschen in unserer Stadt müssen verhungern. Hilf uns. Der Kaiser wird verstehen, wenn du eine ganze Stadt vor dem Verhungern rettest!«

Da hatte der Kapitän Mitleid und gab von dem Korn ab. *(Das Getreidesäckchen aus dem Schiff nehmen und auf das Tuch stellen.)* Nun konnten die Menschen wieder Mehl mahlen, Brot backen und kochen. Sie hatten wieder zu essen. *(Den Laib Brot auf das Tuch legen.)* Niemand musste mehr Hunger haben.

Das Schiff fuhr weiter zum Kaiser. Und man erzählt sich, dass kein Korn fehlte, als das Getreide ausgeladen wurde. Alle bedankten sich bei Bischof Nikolaus.

Lied

Lasst uns froh und munter sein

Katechese, Teil B

Die Menschen haben die Geschichte von der Rettung aus der Hungersnot weitererzählt. Und auch von dem vielen anderen Guten, das Nikolaus getan hat. Bis heute erzählen wir von Nikolaus, und so wird er nicht vergessen. Jedes Jahr zum Fest des heiligen Nikolaus denken die Menschen besonders daran, wie er mit den Kindern geteilt hat. Und so bekommen auch heute noch die Kinder etwas geschenkt. Auch wir haben euch kleine Nikolaus-Säckchen mitgebracht. Mit etwas Leckerem zu essen gefüllt, so wie Nikolaus den Menschen zu essen gegeben hat. *(Die Säckchen an die Kinder verteilen. Sie dürfen schon daran fühlen, aber noch nicht auspacken.)*

Gebet

Guter Gott, zum Namenstag des heiligen Nikolaus denken wir an ihn und an das, was er getan hat. Wir feiern ein Fest. Du möchtest, dass wir zusammen feiern: die Eltern, die Kinder, die Familien. Du bist ganz nahe bei uns. Amen.

Segen

So segne uns und alle Menschen, die wir lieb haben, der gute Gott: Der Vater, der Sohn und der Heilige Geist. Amen.

Festlicher Ausklang

Die Kinder dürfen ihre Säckchen auspacken und davon essen. Es gibt Kinderpunsch, Glühwein, Gebäck oder Hefe-Nikoläuse. Dabei singen Kinder und Erwachsene Nikolaus- und Adventslieder.

Gott hat uns die Welt geschenkt

Ein Gottesdienst in der Zeit des Frühlingsbeginns zum Thema »Schöpfung«

Vorbereitung

- *Namensschildchen*
- *Eine große, dicke Kerze*
- *Eine Schale mit Blumen- oder Gartenerde*
- *Ein grüner Zweig oder eine Blume*
- *Brot oder Gemüse*
- *Ein Holz- oder Stofftier (Teddybär, Hase, Pferd o. Ä.)*
- *Ein braunes Tuch (oder braunes Kartonpapier), groß und rund*
- *Weitere Tücher (oder farbiges Kartonpapier) in Gelb, Weiß, Rot, Grün und Schwarz*

Begrüßung

Liebe Kinder, liebe Eltern: Prima, dass ihr heute wieder hier seid! In dicken Jacken seid ihr durch die Kälte gekommen. Hier in unserem Gemeindezentrum ist es schön warm. Wir können heute wieder zusammen einen Gottesdienst feiern. Wir können fröhlich sein. Gott ist bei uns, und er möchte, dass es uns gut geht.

Kerze

Zu unserem Gottesdienst gehört die Kerze. Sie erinnert uns daran, dass Gott immer bei uns ist. *(Kerze anzünden oder anzünden lassen.)*

Kreuzzeichen

Die Erwachsenen beginnen den Gottesdienst mit dem Kreuzzeichen. Das wollen wir auch gemeinsam tun.

Der Katechet oder die Katechetin beschreibt die Bewegung (z. B.: »Ich nehme meine Hand und lege sie zuerst an die Stirn, dann an die Brust und dann an die beiden Schultern.«). Die Eltern können Arme und Hände ihrer Kinder nehmen und die Bewegungen lenken.

Lied

Wir feiern heut' ein Fest *(siehe Anhang, S. 104)*

Katechese, Teil A

Die Katechese orientiert sich an der Schöpfungsgeschichte aus Genesis 1. Sie ist ziemlich lang. Im ersten Teil sorgen die bunten Tücher für Abwechslung, im zweiten Teil wird der Liedruf mehrfach wiederholt. Falls es zu lang wird, kann man auch Teile weglassen (z. B. das Feuer).

In der Mitte liegt ein braunes Tuch (oder ein rundes, braunes Stück Kartonpapier). Der Katechet oder die Katechetin stellt eine Schale mit Erde in die Mitte des Tuches und lässt die Erde durch die Hände rieseln.

Was ist das hier? *(Evtl. rufen einige Kinder: »Erde!«)* Das fühlt sich gut an. Ein bisschen kühl. *(Evtl. einige Kinder die Erde fühlen lassen.)*

Das ist eine Hand voll Erde von unserer Erde draußen. Auf der Erde laufen und spielen wir. Gott hat uns diese Erde und die ganze Welt geschenkt und dass wir auf ihr leben dürfen. Und Gott hält seine Hände über diese Erde. *(Der Katechet/die Katechetin hält die Hände über die Erde.)*

Und was gibt es alles auf unserer Erde? Ich habe hier einige Tücher *(oder Kartonpapierstücke)* mitgebracht. Sie sind bunt. Das Tuch in der Mitte ist braun, braun wie die Erde. Hier habe ich ein gelbes Tuch.

Das gelbe Tuch oder Kartonpapier hochhalten. Vielleicht rufen schon Kinder, dass die Sonne gelb ist. Auch mit den anderen Farben kann so verfahren werden, dass die Kinder immer zuerst etwas rufen.

Ja, die Sonne ist gelb, die möchte ich an unsere Erde anlegen. Und hier ist ein schwarzes Tuch, das ist dunkel – wie die Nacht. Auch die Dunkelheit möchte ich an unsere Erde anlegen.

Falls größere Kinder da sind, dann können sie die Tücher/Kartonpapierstücke strahlenförmig an das braune Tuch anlegen.

Und mein weißes Tuch ist weiß wie die Wolken des Himmels und wie der Wind, der die Wolken umhertreibt. Das grüne Tuch ist grün wie Blätter an einem Baum, wie Blumenstängel und Sträucher und wie eine Wiese. Und das rote Tuch? *(Bei dem roten Tuch rufen die Kinder vielleicht »Ball«, »Fahrrad«, »Sonne« oder auch »Streichholz«, »Feuer«.)* Ja, dieses Tuch ist rot wie ein Ball usw. Und es ist rot wie das Feuer. Wer möchte das Feuertuch an die Erde legen? *(Anlegen lassen; vgl. Abb. S. 44)*

Sonne, Dunkelheit, Wasser, Himmel, Wolken, Bäume, Blumen und Feuer – das alles gehört zu unserer Erde. Das alles hat Gott uns geschenkt. Aber da fehlt doch noch etwas auf unserer Erde?! *(Die Kinder rufen vielleicht »Tiere«, »Fische«, »Hunde«, irgendwelche Spielsachen usw. Vermutlich kommen sie auch darauf, dass noch die Menschen fehlen.)*

Ja. Wir gehören auch auf unsere Erde. Gott hält auch uns in seinen Händen. Kommt her, wir können einen Kreis um die Erde machen.

Die Kinder, die schon allein stehen können, stellen sich allein hin; die Eltern halten ihre Kinder am Arm oder auf dem Arm. Alle bilden einen Kreis. Dabei kann man noch mal das Eingangslied singen.

Lied

Wir feiern heut' ein Fest *(siehe Anhang, S. 104)*

Katechese, Teil B

Jetzt könnt ihr euch wieder in den großen Kreis setzen. So viel gibt es auf der Erde, und dafür können wir danken. Manches muss man auch erst entdecken. Da muss man gut aufpassen. Das sagt uns auch dies Lied:

Lied

▶ Pass auf, kleines Auge, *1. Strophe (siehe Anhang, S. 105)*

Ich möchte für die Erde danken. Auf ihr laufen wir, auf ihr spielen und toben wir und auf ihr wächst alles. Das Getreide und das Gemüse. *(Jetzt ein Brot oder Gemüse auf das braune Tuch legen.)* Davon werden wir satt und können wachsen.

▶ *Liedruf:* Pass auf, kleines Auge *(1. Strophe)*

Ich möchte für die Sonne danken. Sie ist schön, sie scheint am Tag, auch wenn man sie nicht immer sieht. In ihrer Wärme wachsen die Blumen, Wiesen und Bäume.

▸ *Liedruf:* Pass auf, kleines Auge *(1. Strophe)*

Ich möchte für die Dunkelheit danken. Da können wir schlafen und uns ausruhen. *(Ein Kissen auf das schwarze Tuch legen.)*

▸ *Liedruf:* Pass auf, kleines Auge *(1. Strophe)*

Ich möchte für den Himmel und die Wolken danken. Die Wolken lassen den Regen fallen, und der Wind bläst sie umher. Der Regen fällt in die Pfützen, in die Flüsse und ins Meer. Das Wasser löscht den Durst. Es lässt die Pflanzen wachsen und tränkt die Tiere. *(Hier kann man das Holz- oder Stofftier zur Erde legen.)*

▸ *Liedruf:* Pass auf, kleines Auge *(1. Strophe)*

Ich möchte für die Blumen, Bäume, Sträucher und die Wiesen danken. Darauf können wir spielen, spazieren gehen und Blumen pflücken. *(Hier kann man einen Zweig oder eine Blume auf das grüne Tuch legen.)*

▸ *Liedruf:* Pass auf, kleines Auge *(1. Strophe)*

Ich möchte für das Feuer danken. Damit können wir kochen. Wir können Kerzen anzünden. Das Licht macht hell und warm.

▶ *Liedruf:* Pass auf, kleines Auge *(1. Strophe)*

Ich möchte für die anderen Kinder und ihre Eltern danken. Mit ihnen kann ich spielen, reden, arbeiten und feiern. Wir können gemeinsam fröhlich, traurig und glücklich sein.

▶ *Liedruf:* Pass auf, kleines Auge *(1. Strophe)*

Gebet

Lieber Gott, du hast uns alles geschenkt, den Himmel und die Erde. Von dir kommt alles – das Licht der Sonne am Tag, das Licht des Mondes und der Sterne bei Nacht. Von dir kommt unsere Erde und alles, was wir von unserer Erde kennen: das Wasser, die Blumen und Bäume, die Tiere und wir Menschen. Du schenkst uns das Leben. Darüber können wir uns freuen und dir dafür danken. Amen.

Segen

Und so segne uns, alle Menschen, die wir lieb haben, und unsere ganze Welt der gute Gott: der Vater, der Sohn und der Heilige Geist. Amen.

Lied

Wir singen alle Hallelu- *(siehe Anhang, S. 103)*

Gott lässt die Bäume blühen

Ein Gottesdienst im Frühjahr zum Thema »Bewahrung der Schöpfung«

Vorbereitung

- *Namensschildchen*
- *Eine große, dicke Kerze*
- *Für jedes Kind ein Zweig von einem Baum. (Mehrere Eltern aus dem Vorbereitungsteam können die Zweige aus ihrem Garten oder von einem Spaziergang mitbringen.)*
- *Ein gelbes Tuch (oder einen großen gelben Kreis aus Kartonpapier)*
- *Ein großer Baumstamm aus braunem Kartonpapier. Er kann aus drei Teilen bestehen, die dann während der Katechese aneinander gelegt werden.*
- *Farbige Tücher für die Darstellung von Wolken (weiß), Sonne (gelb), Erde (braun), Wind (hellblau oder grau) und Regen (dunkelblau); oder entsprechende ausgeschnittene Figuren in den jeweiligen Farben*
- *Für jedes Kind eine Blüte in einem Körbchen (entweder echte Blüten oder aus Papier, Krepp o. Ä. gebastelte)*

Begrüßung

Schön, dass ihr da seid. Liebe Kinder, liebe Eltern, draußen ist es noch ziemlich kalt, aber manchmal scheint die Sonne schon so stark, dass wir uns vorstellen können, dass jetzt der Frühling kommt und dass es bald wärmer wird. Darüber freuen sich auch die Tiere, die Blumen und die Bäume. Die hat Gott uns auch geschenkt, und er sorgt für sie. Weil wir uns daran freuen können, sind wir heute wieder zusammen, um einen Gottesdienst zu feiern. Möge Gott immer bei uns bleiben.

Kerze

Zu unserem Gottesdienst gehört die Kerze. Sie erinnert uns daran, dass Gott immer bei uns ist. *(Kerze anzünden oder anzünden lassen.)*

Kreuzzeichen

Die Erwachsenen beginnen den Gottesdienst mit dem Kreuzzeichen. Das wollen wir auch gemeinsam machen.

Der Katechet oder die Katechetin beschreibt die Bewegung (z. B.: »Ich nehme meine Hand und lege sie zuerst an die Stirn, dann an die Brust und dann an die beiden Schultern.«). Die Eltern können Arme und Hände ihrer Kinder nehmen und die Bewegungen lenken.

Wenn wir draußen spazieren gehen, können wir sehen, wie sich in der Natur etwas verändert: Die Bäume werden wieder grün und bekommen Knospen. Dazu haben wir ein Lied mitgebracht:

Lied

Alle Knospen springen auf *(siehe Anhang, S. 100)*

Es reicht, wenn man nur die erste Strophe singt. Wenn man sie mehrfach wiederholt, können die Kinder den Refrain immer wiedererkennen.

Katechese, Teil A

In unserer Mitte liegt heute ein gelbes Tuch. Das könnte die Sonne sein. Die Sonne schenkt uns den Tag und lässt die Blumen wachsen und blühen. Jeden Morgen geht die Sonne auf. Sie vertreibt die Nacht. Wenn ihre Strahlen durch unsere Fenster scheinen, dann wachen wir auf. Es wird hell auf der Erde. Wenn auch genug Wasser da ist, dann können im Sonnenschein die Blumen und die Bäume wachsen.

Unter dem Tuch liegt etwas. Wollen wir nachschauen?

Größere Kinder haben vielleicht schon einen Verdacht und rufen »eine Blume«, »Rasen«, »ein Baum« o. Ä. Langsam aufdecken und die drei Einzelteile zu einem Baumstamm zusammenlegen.

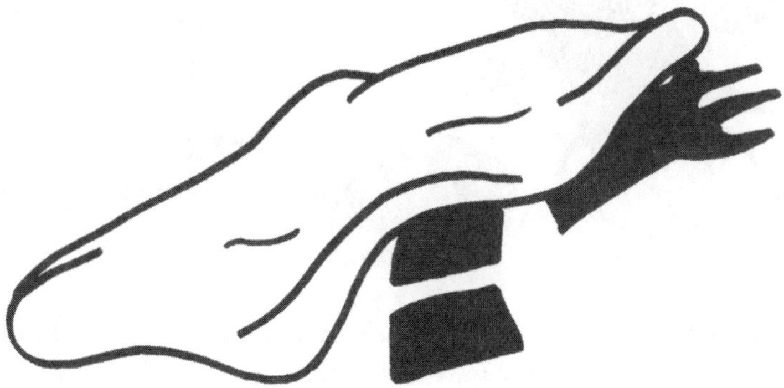

Ein Baumstamm! Der hat ja noch gar keine Zweige, der muss wohl noch wachsen. Was braucht denn der Baum, damit er wachsen kann? *(Die Kinder rufen lassen, oder der Katechet bzw. die Katechetin erzählt.)* Viel Sonne braucht unser Baum. Hier im Raum gibt es keine echte Sonne, aber unser gelbes Tuch kann die Sonne sein.

Ebenso mit Erde, Regen, Wolken und Wind verfahren. Beim Erzählen die Tücher (bzw. die ausgeschnittenen Symbole) um den Baum legen (vgl. Abb. S. 50).

Jetzt hat die Sonne geschienen, und auch das Regenwasser ist in der Erde. Unserem Baum können Zweige wachsen. Wollt ihr dabei helfen?

Die Zweige hervorholen. Jedes Kind bekommt einen Zweig. Die Eltern helfen den Kindern, ihren Zweig an den Baumstamm zu legen.

Jetzt sieht unser Baum doch schon wie ein richtiger Baum aus. Fehlt noch etwas? *(Größere Kinder werden Blätter, Blüten oder Früchte vermissen. Wenn sie es nicht rufen, dann benennt der Katechet bzw. die Katechetin das Fehlende.)*

Unser Baum sieht aus, als wäre es noch Winter. Jetzt im Frühling bekommen die Bäume wieder Blätter. Blätter für unseren Baum haben wir heute nicht dabei. Es fehlt aber noch etwas. Wenn unser Baum mal Früchte tragen soll, dann braucht er Blüten. Sie kommen hervor, wenn die Knospen aufspringen.

Lied

Alle Knospen springen auf *(siehe Anhang, S. 100)*

Es reicht, wenn man nur die erste Strophe singt. Wenn man sie mehrfach wiederholt, können die Kinder den Refrain immer wiedererkennen.

Katechese, Teil B

Wir wollen an unseren Baum noch Blüten hängen. Jetzt geht ein Körbchen mit Blüten herum. Eure Eltern nehmen eine Blüte für euch. Die größeren Kinder dürfen sich natürlich selbst eine Blüte nehmen. Ihr dürft eure Blüten an den Baum hängen; seid schön vorsichtig, dass ihr nicht vom Regen nass werdet oder dass der Wind euch nicht umbläst.

Die Eltern tragen ihre kleinen Kinder zum Baum und helfen ihnen, die Blüten an die Zweige zu legen.

Unser Baum hat zwar keine Blätter, aber er ist schön bunt, weil wir unsere Blüten an ihn gehängt haben. Wir können Bäume und Blumen pflegen, und Gott lässt sie wachsen und blühen. Gott und wir können gemeinsam etwas Schönes tun.

Gebet

Lieber Gott, wir wollen dir für unseren Baum danken. Wir wollen auch für alle Bäume in unseren Gärten und an den Wegen danken – auch für die Blumen und die Gräser und alles, was jetzt blüht. Du lässt alles wachsen, du hältst alles in der Hand. Bleib immer auch bei uns. Amen.

Segen

Wenn Gott seine Hand über uns hält, dann ist das ein Segen für uns. Wir wollen um Gottes Segen bitten. Und so segne uns, alle Menschen, die wir lieb haben, und alle Bäume der liebe Gott: der Vater, der Sohn und der Heilige Geist. Amen.

Lied

Wir singen alle Hallelu- *(siehe Anhang, S. 103)*

Jedes Kind bekommt einen Zweig und eine Blüte mit nach Hause.

Vom Korn zum Brot

Ein Gottesdienst in der Fastenzeit

Vorbereitung

- *Namensschildchen*
- *Eine große, dicke Kerze*
- *Eine weiße, runde Decke für den Boden*
- *Ein Körbchen mit Weizenkörnern. (Ganze Körner kann man in jedem Reformhaus oder Bioladen günstig kaufen.)*
- *4 bis 5 braune Tücher oder runde Tonpapierscheiben. Sie sollen die Erde symbolisieren und müssen so groß sein, dass ein Kind darauf sitzen kann.*
- *4 bis 5 helle, gelbe Tücher – Tafttücher oder Schals –, mit denen die Kinder leicht bedeckt werden können*
- *Ein Körbchen mit kleinen, gelben Krepppapierröllchen. (Sie sollen die Sonnenstrahlen symbolisieren. Von einer gelben Krepprolle einfach 3 cm breite Röllchen abschneiden. Die Kinder können sie dann ausrollen und damit »winken«, wenn die Sonne scheinen soll.)*
- *Ein Körbchen mit kleinen, blauen Krepppapierröllchen. (Sie sollen die Regentropfen symbolisieren. Sie lassen sich wie die Sonnenstrahlen herstellen und verwenden.)*
- *Ein Körbchen mit einem Weizenbrot*
- *Ein Körbchen mit grünen Trauben*
- *Vier helle Tücher, um zu Beginn vier Körbe abdecken zu können*

Begrüßung

Liebe Kinder, liebe Eltern, toll, dass ihr da seid. Ihr seid durch die klare *(kalte, nasse, trübe ...)* Luft gekommen. Hier drinnen haben wir es schön warm und gemütlich. Wir können heute wieder zusammen Gottesdienst feiern. Gott ist hier bei uns.

Kerze

Dass Gott immer bei uns ist, daran möchte uns die Kerze erinnern. Sie gehört zu unserem Gottesdienst. *(Die Kerze auf die weiße, runde Decke in die Mitte stellen, anzünden oder anzünden lassen. Anschließend die Kerze an einen sicheren Ort – vielleicht auf einen Tisch oder ein Schränkchen – stellen).*

Kreuzzeichen

Die Erwachsenen beginnen den Gottesdienst mit dem Kreuzzeichen. Das können wir auch gemeinsam tun.

Der Katechet oder die Katechetin beschreibt die Bewegung (z. B.: »Ich nehme meine Hand und lege sie zuerst an die Stirn, dann an die Brust und dann an die beiden Schultern.«). Die Eltern können die Arme und Hände ihrer Kinder nehmen und die Bewegung sanft lenken.

Lied

Das eine Brot *(siehe Anhang, S. 112)*

Falls das Lied auch unter den Erwachsenen nicht bekannt ist, dann kann man es ruhig zwei- dreimal wiederholen.

Katechese, Teil A

In der Mitte liegt die runde, weiße Decke. Darauf stehen vier Körbe: einer mit gelben Kreppröllchen, einer mit blauen Kreppröllchen, einer mit einem Weizenbrot und einer mit Weintrauben.

Die Körbe sind noch mit Tüchern verdeckt, so dass keiner sehen kann, was darin ist. Ein Körbchen mit Weizenkörnern steht griffbereit neben der Katechetin oder dem Katecheten.

Wir haben gesungen: »Das eine Brot wächst auf vielen Halmen«. Ja, viele Körner stecken in einer Ähre. Viele Körner brauchen wir, um ein Brot backen zu können. Hier habe ich in einem Körbchen Weizenkörner mitgebracht. Ich gehe mit dem Korb herum und jeder darf sich ein kleines Korn herausnehmen. *(Eltern entscheiden für ihre ganz kleinen Kinder, ob sie schon ein Korn in die Hand nehmen dürfen, denn das stecken sie dann wahrscheinlich in den Mund.)*

Schaut euch die Körner in eurer Hand genau an. Mein Korn ist hart, rund, es hat eine glatte Oberfläche ... Und wenn ich mein Korn zu Hause auf mein Fensterbrett lege, dann passiert gar nichts. Es wird nichts daraus. Wenn ich neue Körner bekommen möchte, dann muss ich mein Korn einpflanzen. *(Jetzt die braunen Tücher oder Tonpapierscheiben um die weiße Decke herumlegen.)* Die Tücher sollen heute die Erde sein. Ich lege mein Korn in die Erde. Ich bitte euch auch, dass ihr eurer Korn in die Erde legt. *(Kinder verteilen ihre Körner auf die dunklen Tücher.)*

So viel Zeit, dass diese Körner hier anfangen können zu wachsen, haben wir heute nicht. Daher brauche ich eure Hilfe.

Ein paar Kinder bitten, dass sie die Weizenkörner spielen. Das können Drei- oder Vierjährige schon recht gut. Die Kinder, die ein Weizenkorn spielen möchten, knien sich auf die braunen Tücher/Tonpapierscheiben. Sie werden mit einem hellen Tuch leicht bedeckt. Bei kleinen Kindern das Tuch nicht über den Kopf, sondern nur über Rücken und Po legen.

Um die Körner herum ist es dunkel. Sie sind allein. Was brauchen die Körner, um zu wachsen? *(Einige Kinder werden rufen: »Wasser und Sonne«. Jetzt die Körbchen mit den Sonnenstrahlen und den Regentropfen aufdecken. Jedes Kind darf entweder ein gelbes oder ein blaues Röllchen nehmen. Jetzt stellen sich alle im Kreis auf, Eltern nehmen ihre ganz kleinen Kinder auf den Arm.)*

Wir gehen jetzt langsam im Kreis um die »Körner« herum und singen *(nach irgendeiner einfachen Melodie oder wir sprechen nur)* von der Sonne:

»Sonne, Sonne scheine, das Korn wächst dann alleine!«

Dabei werden die Kinder, die die gelben Röllchen haben, gebeten, damit zu schwenken und zu winken, also die Sonne scheinen zu lassen.

Weitergehen und jetzt vom Regen singen oder sprechen:

»Es regnet, es regnet, die Erde wird nass. Es regnet, Gott segnet, die Erde wird nass!«

Dabei werden die Kinder, die die blauen Röllchen haben, gebeten, damit zu schwenken und zu winken, es also regnen zu lassen. Das kann nach Spaß der Kinder beliebig oft wiederholt werden.

Dabei den Kindern, die die Weizenkörner spielen, sagen, dass sie ganz langsam nach und nach in die Höhe wachsen können, bis sie stehen. Dann können sie sich im Wind wiegen. Dazu nehmen sie die hellen Tücher und bewegen sich damit ganz sachte.

Die gelben und blauen Krepppapierstreifen sollen die Regen- und Sonnenkinder zu den Weizenkörnerkindern legen.

Nun sind die Weizenähren reif. Sie können geschnitten werden. *(Alle Kinder bitten, sich wieder zu setzen.)*

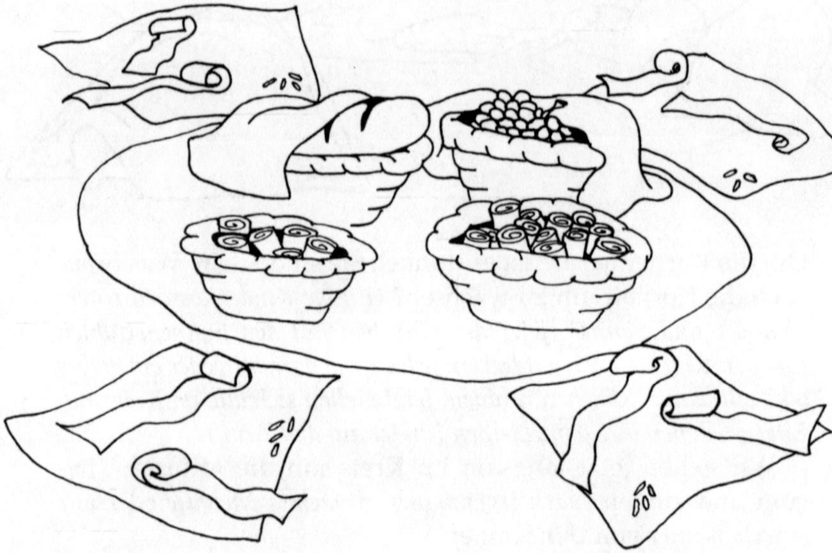

Lied

Das eine Brot *(siehe Anhang, S. 112)*

Katechese, Teil B

Das Korn ist reif. Der Bauer kann es ernten. Das Korn wird gemahlen. Aus dem Mehl backen wir Brot. Auch Jesus ist mit seinen Freunden oft durch die Ährenfelder gegangen. Er hat oft mit seinen Freunden das Brot geteilt. Jesus hat davon erzählt, dass das Weizenkorn in die dunkle Erde fallen muss, um neues Korn wachsen zu lassen. Jesus sagt, dass Gott auch uns immer neues Leben schenkt, selbst wenn wir sterben.

(Jetzt den Brotkorb aufdecken.) Daran kann uns heute dieses lecker duftende Brot erinnern.

(Jetzt den Traubenkorb aufdecken.) Diese frischen Trauben können uns heute daran erinnern, dass Jesus stirbt und Gott ihm neues Leben schenkt.

Gebet und Segen

Jesus hat immer gerne zum Essen eingeladen und sich einladen lassen. Und es durften immer alle dazukommen. Egal wie alt sie waren. Auch die Kinder hat Jesus eingeladen. Und so wie Jesus das gemacht hat, möchten auch wir mit euch das Brot teilen. Dazu gebt euch bitte alle die Hände: Wir sind jetzt ein Kreis. Rund wie das Brot. Wir gehören zusammen, und Gott ist mitten unter uns. Zu uns gehören unsere Eltern und unsere Freunde. In diesen Kreis gehören auch die, die einander nicht die Hand geben wollen. Menschen, die streiten und einander weh tun. Auch die, die traurig, einsam und verlassen sind. Auch sie gehören zu Jesus. Gott segne uns alle. Amen.

Wieder hinsetzen. Brot teilen und herumgeben. Auch die Erwachsenen sollen etwas bekommen. Ebenso die Trauben mit allen teilen. In Ruhe verteilen und essen.

Lied

Wir singen alle Hallelu- *(siehe Anhang, S. 103)*

Jedes Kind darf ein paar Weizenkörner mit nach Hause nehmen. Sie können in einem Blumentopf eingepflanzt werden.

Ich habe einen Namen, und ich bin getauft

Ein Gottesdienst in der Fastenzeit zur Tauferinnerung

Vorbereitung

- *In der Einladung werden die Eltern gebeten, die Taufkerze ihres Kindes (und vielleicht auch die eigene) mitzubringen.*
- *Namensschildchen*
- *Die Osterkerze der Gemeinde (aus der Sakristei ausleihen)*
- *Ein blaues Tuch*
- *Eine große Schale mit Wasser*
- *Eine Taufkanne (aus der Sakristei ausleihen)*
- *Für jedes Kind eine kleine weiße Kerze (z. B. Pyramidenkerzen)*
- *Wachsplatten (im Bastelgeschäft erhältlich)*
- *Kleine (Knet-)Ausstechförmchen oder kleine Messer, um aus den Wachsplatten ein Symbol auszustechen oder auszuschneiden (z. B. Kreuz, Tropfen, Regenbogen, Taube …)*

Begrüßung

Liebe Kinder, liebe Eltern: Herzlich willkommen. Schön dass ihr da seid. Heute feiern wir wieder Gottesdienst zusammen. Gott ist mitten unter uns, er möchte, dass es uns gut geht und dass wir uns freuen können.

Kerze

Zu unserem Gottesdienst gehört die Kerze. Sie erinnert uns daran, dass Gott immer bei uns ist. *(Kerze anzünden oder anzünden lassen.)* Heute haben wir eine besondere Kerze in unsere Mitte gestellt. Es ist die Osterkerze unserer Gemeinde. Bald ist wieder Ostern, dann bekommen wir eine neue Osterkerze. Diese Kerze erinnert uns daran, dass der Tod nicht das Ende von allem ist. Dass Gott das Leben liebt und Jesus auferstanden ist.

Kreuzzeichen

Die Erwachsenen beginnen den Gottesdienst mit dem Kreuzzeichen. Das lasst uns auch gemeinsam machen.

Der Katechet oder die Katechetin beschreibt die Bewegung (z. B.: »Ich nehme meine Hand und lege sie zuerst an die Stirn, dann an die Brust und dann an die beiden Schultern.«). Die Eltern können die Arme und Hände ihrer Kinder nehmen und die Bewegung sanft lenken.

Lied

Es läuten alle Glocken *(siehe Anhang, S. 110)*

Katechese, Teil A

In unserer Mitte liegt ein blaues Tuch. Das Blau steht heute für das Wasser. Wasser kann uns sehr viel Freude machen. Wir können es trinken, und wir können damit spielen. Wenn bald der Sommer wiederkommt, dann können wir im See, am Meer, im Freibad oder im Garten planschen und baden. Mit Wasser können wir uns waschen und auch damit kochen. Ohne Wasser könnten wir nicht leben. Wasser hilft uns leben.

Als die meisten von uns kleine Babys waren, da wurden sie in der Kirche mit Wasser übergossen. Wir wurden mit Wasser getauft. Und dazu wurde eine Kerze, die nur für uns war, an der großen Osterkerze angezündet. Viele (einige) von euch haben ihre Taufkerze heute mitgebracht. Ihr dürft sie jetzt auspacken.

Es macht nichts, wenn nur wenige Familien eine Taufkerze mitgebracht haben. Wenn einige Familien aus dem Vorbereitungsteam Taufkerzen dabei haben, reicht das. Jetzt dürfen die Eltern bzw. die größeren Kinder reihum ihre Taufkerzen zeigen und beschreiben (dafür ausreichend Zeit geben). Die Kinder, die keine eigene Taufkerze dabei haben, dürfen die Kerzen der anderen mitbeschreiben. Die Taufkerzen werden sehr verschieden aussehen, dick oder schlank, kürzer oder länger, weiß oder mit einem farbigen Symbol, mit Verzierungen, mit Namen, mit Datum … Die kleineren Kinder schauen einfach zu. Die Katechetin deutet die verschiedenen Taufsymbole sehr einfach, z. B.:

Florian hat uns ein Kreuz auf seiner Kerze gezeigt. Ein Kreuz ist auch auf unserer großen Osterkerze. Es erinnert uns daran, dass Jesus gestorben ist. Gott hat ihm neues Leben geschenkt. Auf Davids Kerze sind kleine Tropfen aus Wachs. Das sind vielleicht Wassertropfen, die an das Taufwasser erinnern. Auf Barbaras Kerze ist ein bunter Regenbogen. Der erinnert uns daran, dass Gott mit den Menschen einen Bund geschlossen hat, dass er die Menschen und das Leben liebt. Hannah hat uns auf ihrer Kerze eine kleine Taube gezeigt. Die Taube kann uns daran erinnern, dass Gott durch den Heiligen Geist bei der Taufe auch ganz nah zu uns kommen will und bei uns sein möchte. *(Die Kerzen jetzt auf das blaue Tuch stellen oder legen.)*

Viele Bilder auf den Kerzen haben etwas mit Wasser zu tun. *(Eine große Schale mit Wasser auf das blaue Tuch stellen. Die Kinder, die möchten, dürfen nacheinander mit ihren Fingern über die Wasseroberfläche streichen oder ein kleines Bild auf die Wasseroberfläche »malen«. Anschließend nimmt die Katechetin die Osterkerze und taucht sie in das Wasser.)* Dieses Wasser ist etwas Besonderes. Ich fülle es in diese Kanne. *(Jetzt etwas von dem Wasser in ein Taufkännchen füllen.)*

Mit solch einem Kännchen sind wir getauft worden. *(Das Übergießen anschaulich zeigen, auch den Taufspruch wieder-*

holen: »Es wurde gesagt: Ich taufe dich im Namen des Vaters und des Sohnes und des Heiligen Geistes. Amen.«) Die Taufe zeigt uns, dass wir ganz nah zu Gott gehören. Wir sind getauft, weil Gott uns liebt.

Lied

Ich habe einen Namen, und ich bin getauft *(siehe Anhang, S. 108)*

Katechese, Teil B

Jedes Kind bekommt jetzt eine kleine weiße Kerze. Die Eltern und die Kinder versuchen gemeinsam, aus den Wachsplatten ein Symbol auszustechen oder mit einem Messer auszuschneiden. Das kann ein Regenbogen, ein Regentropfen, eine Taube, ein Fisch, ein Kreuz sein, oder etwas anderes, das Eltern oder Kinder mit der Taufe in Verbindung bringen. Dieses Symbol dann einfach auf die Kerze drücken.

So wie ich die Osterkerze in das Wasser getaucht habe, so dürft ihr jetzt (mithilfe eurer Eltern) eure Kerze in die Wasserschale tauchen. Ihr könnt dabei daran denken, dass ihr getauft seid. Eure Kerze ist dann eure Tauferinnerungskerze.

Es bietet sich an, bei diesem Ritual das Lied »Ich habe einen Namen, und ich bin getauft« für jedes Kind einzeln zu singen. Dabei den jeweiligen Namen im Lied nennen (nach dem Muster: »Ja du bist die Barbara, und du bist getauft« usw. Zeit lassen, bis alle Kinder dran waren und darauf achten, dass die Kinder auch das Lied für die jeweils anderen Kinder mitsingen. So ist es leichter, dabei zu bleiben, und das Ritual behält seinen Gemeinschaftscharakter.

Gebet

Guter Gott, danke, dass du uns lieb hast, danke dass wir getauft sind. Wir bitten für alle getauften Menschen und für alle, die bald getauft werden. Bleibe du ganz nah bei uns. Amen.

Segen

Guter Gott, du hältst deine Hand über uns und segnest uns. Und so segne uns, alle Menschen, die wir lieb haben, und alle Tiere, die auf dem Land und im Wasser leben, der gute Gott, der Vater, der Sohn und der Heilige Geist. Amen.

Lied

Wir singen alle Hallelu- *(siehe Anhang, S. 103)*

Jedes Kind bekommt seine Tauferinnerungskerze mit nach Hause. Es kann sie z. B. an sein Bett stellen. Die Eltern werden eingeladen, an jedem Fastensonntag die kleine Kerze anzuzünden und ihrem Kind von seiner Taufe und dem anschließenden Fest zu erzählen.

Nestbau

Ein Gottesdienst zu Ostern zum Thema »Neues Leben«

Vorbereitung

- *Namensschildchen*
- *Eine große, dicke Kerze*
- *Ein grünes Tuch (oder grünes Kartonpapier)*
- *Ein weißes Tuch oder eine Tischdecke*
- *Ein Körbchen mit Zweigen. (Die Zweige können mehrere Familien aus ihrem Garten mitbringen oder beim Spazierengehen schneiden.)*
- *Ein Körbchen mit Moos oder Gras*
- *Ein Körbchen mit Blumen oder Blüten*
- *Ein Körbchen mit weißen Plastikeiern*
- *Für jedes Kind ein hart gekochtes Ei (ruhig auch bunt gefärbt)*
- *Die Körbchen mit einem Tuch in der jeweiligen Farbe (Braun für die Zweige, Rot bzw. Gelb für die Blumen, Grün für das Moos oder das Gras und Weiß für die Eier) zudecken.*

Begrüßung

Liebe Kinder, liebe Eltern, bald wird es schon wieder wärmer. Und wir feiern bald *(oder: haben gefeiert; oder: feiern in diesen Tagen)* ein Fest: Ostern. Zu Hause sind Sträucher mit Eiern geschmückt. Die Osterzeit ist eine schöne Zeit, und wir wollen heute wieder zusammen einen Gottesdienst feiern.

Kerze

Zu unserem Gottesdienst gehört die Kerze. Sie erinnert uns daran, dass Gott immer bei uns ist. *(Kerze anzünden oder anzünden lassen.)*

Kreuzzeichen

Die Erwachsenen beginnen den Gottesdienst mit dem Kreuzzeichen. Wir tun das auch.

Der Katechet oder die Katechetin beschreibt die Bewegung (z. B.: »Ich nehme meine Hand und lege sie zuerst an die Stirn, dann an die Brust und dann an die beiden Schultern.«) Die Eltern können Arme und Hände ihrer Kinder nehmen und die Bewegungen lenken.

Lied

Es läuten alle Glocken *(siehe Anhang, S. 110)*

Katechese, Teil A

In der Mitte des Raumes liegt ein grünes Tuch (oder ein grünes Stück Kartonpapier). Vier Erwachsene verteilen sich um die Mitte. Jede(r) von ihnen hält eines der vier Körbchen.

In unserer Mitte liegt heute ein grünes Tuch. Das Grün könnte eine grüne Wiese sein oder ein Busch. Heute soll es das Grün von grünen Blättern sein. Grüne Blätter – wie sie an einem Baum hängen. Jetzt können wir draußen sehen, wie die Bäume Knospen haben. Bald werden daraus wieder schöne grüne Blätter. Jetzt bauen die Vögel ihre Nester. Habt ihr schon einmal gesehen, wie ein Vogel ein Nest baut? Die Vögel fliegen umher und suchen sich ihr Material zusammen. Sie brauchen Zweige für das Nest. Damit es schön warm und weich wird, suchen sie auch Gras und Moos und sogar ein paar Blumen.

Seht! Wir haben drei Körbchen *(zunächst nur auf die mit den Naturmaterialien hinweisen)* – sie sind noch verdeckt. Wollen wir reinschauen?

Die drei Erwachsenen mit den Naturmaterialien lüften nacheinander die Tücher von den Körbchen.

Könnt ihr auch so ein Nest bauen?

Die Kinder sollen im Raum umhergehen oder herumgetragen werden. Sie sollen sich (wie die Vögel) das Material für den Nestbau zusammensuchen. Aus den Körbchen bekommen sie die Materialien und bringen sie in die Mitte. So darf sich jedes Kind (evtl. mithilfe eines Elternteils) einen Zweig nehmen und ihn auf das Tuch legen. Ein Erwachsener hilft den Kindern, dass die Zweige die Form eines runden Nestes annehmen. Entsprechend werden auch das Moos und die Blumen dazugelegt.

Wenn unser Nest fertig ist, dann kann der Frühling kommen. Jetzt können die Blätter grün werden und die Knospen aufspringen.

Lied

Alle Knospen springen auf *(siehe Anhang, S. 100)*

Es reicht, wenn man nur die erste Strophe singt. Wenn man sie mehrfach wiederholt, können die Kinder den Refrain immer wiedererkennen.

Katechese, Teil B

Jetzt beginnen die Vögel, ihre Eier in das Nest zu legen. Unser Nest haben zwar keine Vögel gebaut, aber wir legen jetzt auch Eier hinein, so wie die Vögel.

Das letzte Körbchen mit den weißen Plastikeiern lüften. Die größeren Kinder dürfen die Eier in das Nest legen.

Aus dem Ei wächst neues Leben. Das dauert lange, und die Vögel brauchen viel Geduld. Damit es die Eier schön warm haben, halten die Vögel die Eier warm, sie sitzen darauf und brüten. In der Wärme wachsen die kleinen Vögel, die Küken, in ihrem Ei. Wenn sie groß genug sind, schlüpfen die Küken aus. Sie befreien sich aus der Schale. Solange die Küken klein sind, leben sie in ihrem Nest. Die Vogeleltern füttern sie. Von ihrem Nest aus lernen sie fliegen. Dann bauen sie ihr eigenes Nest und legen selbst Eier, damit wieder neues Leben wachsen kann.

Vielleicht kommt ein älteres Kind darauf, dass am Osterfest Eier auch eine Rolle spielen: Sie werden bemalt, gefärbt, versteckt und gesucht. Als erste Einführung mag dann das Erinnern an den Zusammenhang von Ei und neuem Leben genügen. Falls noch Zeit ist, kann man die Kinder mit kleinen bunten Tüchern oder Kartonpapier bunte Blumen um das Nest herum legen lassen.

Gebet

Lieber Gott, du hast uns das Leben in dieser Welt geschenkt. Wir danken dir für die Blumen, die Wiesen und die Bäume. In den Bäumen bauen die Vögel ihre Nester, und aus den Eiern schlüpfen die kleinen Vögel. Du hast die Menschen und die Tiere lieb. Du schenkst uns allen das Leben. Darüber freuen wir uns und dafür danken wir dir. Amen.

Segen

Und so segne uns und alle, die wir lieb haben, der gute Gott: der Vater, der Sohn und der Heilige Geist. Amen.

Lied

Wir singen alle Hallelu- *(siehe Anhang, S. 103)*

Am Schluss bekommt jedes Kind ein hart gekochtes (buntes) Ei mit nach Hause.

Gottes guter Geist und die Taube

Ein Gottesdienst zu Pfingsten

Vorbereitung

- *Namensschildchen*
- *Eine große, dicke Kerze*
- *Für jedes Kind eine ausgeschnittene Bastelvorlage aus festem, weißem Papier für eine Taube*[11] *(Kopiervorlage im Anhang, S. 119) vorbereiten und den Schlitz ausschneiden. An der Taube einen Aufhängfaden befestigen.*
- *Ebenso für jedes Kind ein Flügelteil aus einem 12 × 12 cm großen Stück weißen Papiers ausschneiden. Das Flügelteil wird vorab der Länge nach ziehharmonikaartig gefaltet, aber erst während der Katechese in die Taube eingeschoben.*
- *Bunt- und Wachsmalstifte*
- *Den Kartonpapier-Baumstamm aus dem Gottesdienst »Gott lässt die Bäume blühen« unter ein grünes Tuch legen; er besteht ja aus zwei bis drei einzelnen Teilen, die bequem unter das Tuch gestapelt werden können. Aus braunem Kartonpapier noch Zweige in entsprechender Größe ausschneiden und mit dazulegen.*
- *Blätter aus Kartonpapier für den Baum vorbereiten. Für jedes Kind mindestens ein Blatt ausschneiden.*

Begrüßung

Liebe Kinder, liebe Eltern: Nun seid ihr wieder hier. Bei diesem schönen Wetter *(wenn es denn schön ist)* sind wir jetzt zusammen und können fröhlich sein. Wenn wir uns freuen, freut sich Gott mit uns. Er möchte, dass es uns gut geht. Hier in unserem Gemeindezentrum wollen wir mit Gott und für Gott feiern.

Kerze

Zu unserem Gottesdienst gehört die Kerze. Sie erinnert uns daran, dass Gott immer bei uns ist. *(Kerze anzünden oder anzünden lassen.)*

Kreuzzeichen

Die Erwachsenen beginnen den Gottesdienst mit dem Kreuzzeichen, das wollen wir auch gemeinsam tun.

Der Katechet oder die Katechetin beschreibt die Bewegung (z. B.: »Ich nehme meine Hand und lege sie zuerst an die Stirn, dann an die Brust und dann an die beiden Schultern.«). Die Eltern können Arme und Hände ihrer Kinder nehmen und die Bewegungen lenken.

Wir feiern heute *(morgen, in diesen Tagen)* Pfingsten. Wir freuen uns über Gottes guten Geist – den Heiligen Geist – und feiern zusammen dieses Fest – unseren Gottesdienst. Dazu möchten wir ein Lied singen:

Lied

Wir feiern heut' ein Fest *(siehe Anhang, S. 104)*

Katechese, Teil A

Unter einem grünen Tuch liegt der Kartonpapierbaum mit den Kartonpapierzweigen, noch in Einzelteile zerlegt.

Heute liegt ein grünes Tuch in unserer Mitte. Grün wie die Wiesen oder die Blätter oder die Blumenstängel. Unter unserem Tuch ist etwas versteckt. Wollen wir mal nachschauen, was darunter ist?

Langsam aufdecken und die Einzelteile zusammenbauen zu einem großen, noch kahlen Baum. Die Kinder erinnern sich vermutlich an den Gottesdienst »Gott lässt die Bäume blühen«. Auch an die bunten Blüten erinnern.

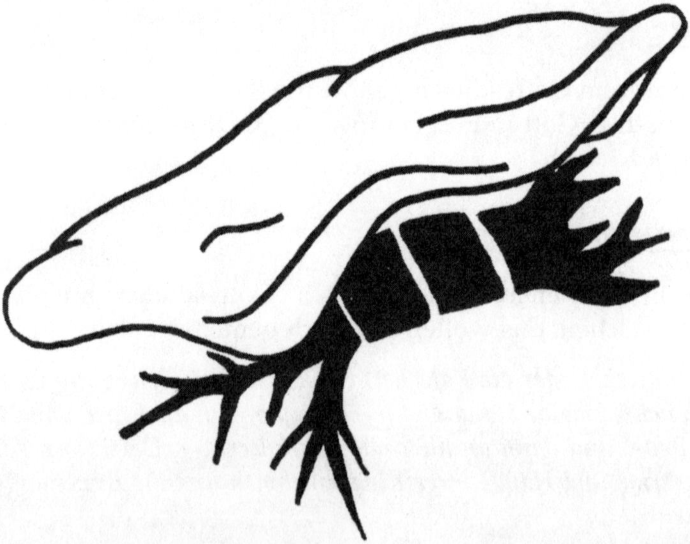

Heute wollen wir keine Blüten mehr an den Baum hängen. Seht mal aus dem Fenster. *(Die Kinder laufen zum Fenster oder werden von ihren Eltern hingetragen.)* Draußen könnt ihr Bäume mit saftigen grünen Blättern sehen. *(Vielleicht erkennt ein Kind die Sorte eines Baumes.)* Und unser Baum? Hat der Blätter? *(Die Kinder rufen »Nein«.)* Also lasst uns grüne Blätter an unseren Baum hängen.

Jedes Kind bekommt ein Blatt und legt es an den Baum (die Eltern führen die Hände der Kleinen und sorgen dafür, dass die Kinder die Blätter tatsächlich hinlegen). Wenn es wenige Kinder sind, dann können sie mehrere Blätter anlegen, damit der Baum nicht so kahl aussieht.

Schön ist der Baum geworden! Das habt ihr jetzt gemeinsam gemacht.

Was macht ihr noch gemeinsam mit anderen? Erzählt mal, worauf ihr stolz seid. *(Die Kinder haben gemeinsam den Baum geschmückt, sie haben gemeinsam das Nest gebaut, sie spielen zusammen, machen Ausflüge, bauen gemeinsam eine Sandburg und Wippen, decken gemeinsam den Tisch usw.)* Wenn alle zusammen etwas wollen und gute Laune haben, dann klappt es. Gott möchte, dass wir gemeinsam etwas schaffen,

dass wir uns mögen und lieb haben. Wenn wir uns gut verstehen, dann ist sein guter Geist bei uns – der Heilige Geist. Dazu singen wir wieder ein Lied:

Lied

Zu Ostern/Pfingsten in Jerusalem *(siehe Anhang, S. 102)*

Früher haben sich die Menschen den Heiligen Geist als eine Taube vorgestellt. Denn die Taube ist ein schöner weißer Vogel, der vom Himmel kommt und der immer nach Hause findet. Kommt, wir basteln jetzt jeder eine Taube!

Jedes Kind bekommt die ausgeschnittene Taube und das Flügelteil. Buntstife und Wachsmalstifte bereitlegen. Die Kinder können die Tauben anmalen (die ganz Kleinen malen einfach »Gekritzel« auf das Papier). Die Eltern helfen den Kindern anschließend, das Flügelteil einzuschieben und aufzufächern. Die Kinder können die Tauben am Faden jetzt mal fliegen lassen.

Wenn unsere Tauben müde sind, dann können wir sie in unseren Baum setzen. Da können sie sich ausruhen. *(Die Tauben in den Baum setzen.)* Die Tauben sitzen jetzt wie der Heilige Geist in unserem Baum, unserem gemeinsamen Werk.

Zeichnung:
Kerstin Kuppig

Lied

Wenn noch Zeit ist, dann noch mal das Lied singen:

Zu Ostern/Pfingsten in Jerusalem *(siehe Anhang, S. 102)*

Gebet

Lieber Gott, wir dürfen Feste feiern: Ostern und Pfingsten. Du möchtest, dass wir zusammen feiern. Du freust dich, wenn wir uns lieb haben: die Eltern ihre Kinder, die Kinder ihre Eltern und alle Menschen einander. Schenke du uns dafür deinen Heiligen Geist. Amen.

Segen

Und so segne uns und alle Menschen, die wir lieb haben, der gute Gott: der Vater, der Sohn und der Heilige Geist. Amen.

Lied

Wir singen alle Hallelu- *(siehe Anhang, S. 103)*

Natürlich dürfen die Kinder ihre Tauben mit nach Hause nehmen.

Ein Haus aus bunten Steinen

Ein Gottesdienst zum Thema »Gemeinsam Kirche sein«

Vorbereitung

- *Namensschildchen*
- *Aus großen Duplo-Bausteinen einen Turmsockel für einen hohen Turm vorbereiten*
- *Ebenfalls aus Duplo-Bausteinen das Schiff einer Kirche bauen*
- *Einzelne Duplo-Bausteine für den Turmbau. (So viele Duplo-Bausteine wird es in einer Familie kaum geben. Eine Familie könnte den Sockel vorbereiten, eine andere das Kirchenschiff, eine dritte könnte die Turmsteine mitbringen.)*
- *Papierbögen (ein DIN-A-4-Blatt für jedes Kind)*
- *Dünne Wachsmalstifte oder Buntstifte*
- *In die Mitte des Stuhlkreises (oder des Raumes) ein Tuch (weiß, gelb oder rot) legen*
- *Gottesdienstkerze bereitstellen*

Begrüßung

Liebe Kinder, liebe Eltern: Schön, dass ihr da seid. Wir wollen heute wieder zusammen sein und hier im Gemeindehaus feiern. Wenn wir zusammen sind, dann ist Gott auch bei uns. Er möchte, dass es uns gut geht.

Kerze

Zu unserem Gottesdienst gehört die Kerze. Sie erinnert uns daran, dass Gott immer bei uns ist. *(Kerze anzünden oder anzünden lassen.)*

Kreuzzeichen

Die Erwachsenen beginnen den Gottesdienst mit dem Kreuzzeichen, das wollen wir auch gemeinsam tun.

Der Katechet oder die Katechetin beschreibt die Bewegung (z. B.: »Ich nehme meine Hand und lege sie zuerst an die Stirn, dann an die Brust und dann an die beiden Schultern.«). Die Eltern können Arme und Hände ihrer Kinder nehmen und die Bewegungen lenken.

Wir freuen uns, dass wir mit anderen Kindern und Erwachsenen zusammen sein können, und feiern gemeinsam dieses Fest – unseren Gottesdienst. Dazu möchten wir ein Lied singen:

Lied

Wir feiern heut' ein Fest *(siehe Anhang, S. 104)*

Katechese, Teil A

Könnt ihr euch an die Taube vom letzten Mal erinnern? Die Taube und der Geist Gottes. Vielleicht habt ihr die Taube noch über eurem Bett hängen, vielleicht ist sie aber auch schnell kaputtgegangen. Auf jeden Fall ist der Geist Gottes bei uns, wenn wir zusammen sind und zusammen etwas tun. Heute wollen wir zusammen etwas bauen.

Den vorbereiteten Turmsockel aus Duplo-Bausteinen in die Mitte auf das Tuch stellen.

Wir bauen einen Turm! Jeder von euch darf einen Stein daraufsetzen. *(Kinder, die das allein können, machen es allein; mit den ganz Kleinen setzt je ein Elternteil den Baustein.)*

Toll habt ihr das gemacht. Groß und bunt steht unser Turm jetzt in unserer Mitte. Mit euren Händen habt ihr den Turm gebaut. Eure Hände können so viel. Eure Hände wollen wir jetzt mal malen; das haben sie verdient.

Jedes Kind (bzw. dessen Eltern) bekommt ein DIN-A-4-Blatt; die Stifte legt man so in die Mitte, dass alle sie erreichen können. Die Kinder legen ihre beiden Hände auf das Papier, die Eltern zeichnen die Hände an den Rändern nach und schreiben den Namen des Kindes auf das Blatt. Die fertigen Blätter als Kreis um den Turm herumlegen.

So viele Hände! Wir kennen ein Lied, das von unseren Händen und Füßen und Augen erzählt:

Lied

Pass auf, kleines Auge *(siehe Anhang, S. 105)*

Katechese, Teil B

Schaut noch mal auf den Turm in unserer Mitte mit euren Handabdrücken drum herum. Gibt es bei uns in der Stadt auch so einen Turm? *(Die größeren Kinder werden Türme benennen können. Vielleicht gibt es einen Fernsehturm, einen Aussichtsturm o. Ä.)*

Ja diese Türme gibt es auch, wir suchen noch einen anderen. *(Wenn die Kinder nicht selbst auf den Kirchturm kommen, so nennt ihn einfach der Katechet oder die Katechetin.)*

Ja, unser Turm könnte auch ein Kirchturm sein. Den haben auch viele Menschen mit ihren Händen gebaut. Die haben viel länger für den großen Turm gebraucht als wir für unseren. Der Kirchturm ist auch nicht so schön bunt wie unserer. Wir haben jetzt noch ein Teil von einem Haus mitgebracht.

Das vorbereitete Kirchenschiff hervorholen. Vielleicht rufen schon einzelne Kinder »eine Kirche!«. Das Schiff an den Turm anbauen.

Jetzt ist aus unserem Turm eine Kirche geworden: das Haus Gottes. Das Haus Gottes haben auch Menschen gebaut; darin wird gefeiert, da feiern die Menschen Gottesdienste – so wie wir es auch gerade tun.

Singen wir noch einmal das Lied über unsere Hände:

Lied

Pass auf, kleines Auge *(siehe Anhang, S. 105; bes. die 5. Strophe)*

Gebet

Wir haben heute zusammen gebaut, gemalt und gesungen; jetzt wollen wir zusammen beten. Dazu können wir unsere Hände falten. *(Den Kindern genau zeigen; Eltern helfen den Kindern, die Hände zu falten, oder sie halten die Hände ihrer Kinder.)*

Lieber Gott, zusammen sind wir was. Zusammen können wir stark sein und uns gegenseitig helfen. Mit unseren Händen können wir etwas bauen und basteln, wir können streicheln und lieb sein. Wir können aber auch etwas kaputtmachen; das gehört manchmal dazu. Wir bitten dich, dass du immer bei uns bist, wenn wir allein sind und wenn wir zusammen sind. Amen.

Segen

Uns so segne uns und alle Menschen, die wir lieb haben, der gute Gott: der Vater, der Sohn und der Heilige Geist. Amen.

Zum Schluss wollen wir wieder unser schönes, lautes Loblied singen. Das kennt ihr schon, da könnt ihr ganz kräftig mitsingen und stampfen. Eure gemalten Hände könnt ihr natürlich mitnehmen.

Lied

Wir singen alle Hallelu- *(siehe Anhang, S. 103)*

Begegnung

Ein Gottesdienst in der Urlaubs- und Ferienzeit

Vorbereitung

- *Namensschildchen*
- *Eine große, dicke Kerze*
- *Aus weißem Papier für jedes Kind eine Menschenfigur vorbereiten (siehe Kopiervorlage im Anhang, S. 117/118)*
- *Bunt- und Wachsmalstifte*
- *Ein gelbes Tuch oder eine helle Decke in die Mitte legen*
- *Eine Schüssel mit Sand (z. B. aus einer Sandkiste)*
- *Holztiere (z. B. von einem Holzbauernhof)*
- *Muscheln*
- *Steine*
- *Zweige*
- *Schwimmflügel oder Schwimmreifen*
- *Vielleicht ist im Elternkreis eine ausländische Familie. Dann könnte eine Mutter oder ein Vater im zweiten Teil der Katechese etwas über das Leben im Herkunftsland erzählen oder ein heimatliches Kinderlied singen.*

Begrüßung

Liebe Kinder, liebe Eltern – einige Familien aus unserer Stadt sind zurzeit nicht zu Hause. Sie sind im Urlaub. Die Schule hat Ferien, und es ist schönes Wetter. Darüber können wir uns freuen. Heute wollen wir wieder gemeinsam einen Gottesdienst feiern. Gott ist mit dabei, er ist bei uns – wohin wir auch gehen.

Kerze

Zu unserem Gottesdienst gehört die Kerze. Sie erinnert uns daran, dass Gott immer bei uns ist. *(Kerze anzünden oder anzünden lassen.)*

Kreuzzeichen

Die Erwachsenen beginnen den Gottesdienst mit dem Kreuzzeichen, das wollen wir auch gemeinsam tun.

Der Katechet oder die Katechetin beschreibt die Bewegung (z. B.: »Ich nehme meine Hand und lege sie zuerst an die Stirn, dann an die Brust und dann an die beiden Schultern.«). Die Eltern können Arme und Hände ihrer Kinder nehmen und die Bewegungen lenken.

Lied

Du hast uns deine Welt geschenkt *(siehe Anhang, S. 98)*

Katechese, Teil A

Ferien – das ist eine ganz besondere Zeit. Papa und Mama sind beide zu Hause. Keiner muss zur Arbeit gehen. Wir haben viel freie Zeit füreinander. Viele machen Ausflüge oder eine Reise.

In unserer Mitte liegt ein gelbes Tuch. Was könnte das heute sein? *(Vermutlich kommen von den älteren Kindern Antworten wie »Sonne«, »Strand«, »Ball« o. Ä.)* Heute soll unser Tuch wieder die Sonne darstellen.

Wenn die Sonne scheint, sind Ausflüge besonders schön. Wo seid ihr denn hingefahren, was habt ihr erlebt?

Größere Kinder rufen vielleicht von einem Ausflug in den Zoo, ins Schwimmbad, an einen See o. Ä. Oder sie erzählen von einer Reise in ein fremdes Land oder von einem Besuch bei Verwandten. Das, was die Kinder erzählen, kann gleich mit den Materialien in der Mitte dargestellt werden. Wenn die Kinder nichts bei-

tragen, dann erzählt der Katechet oder die Katechetin und stellt dabei die Materialien auf das gelbe Tuch.

Beispiele:

Sand	=	*Sandkasten, Spielplatz oder Strand (die Kinder fühlen lassen)*
Holztiere	=	*Zoo, Bauernhof*
Muscheln	=	*Meer, Strand*
Steine	=	*Berge, Strand*
Zweige	=	*Spaziergänge, Wald*
Schwimmflügel	=	*Schwimmbad, Strand*

Überall, wohin die Familien fahren, da wohnen Menschen. Manche sehen anders aus als wir. Gott hat den Menschen ihre Unterschiedlichkeit geschenkt. Oft leben sie ganz anders und reden sogar ganz anders.

Falls ausländische Eltern anwesend sind und etwas vom Leben in ihrer Heimat erzählen möchten, wäre jetzt der richtige Ort. Vielleicht können sie mit den Kindern auch ein Kinderlied aus ihrem Land singen.

Darüber, dass die Menschen ganz verschieden sind, haben wir ein Lied mitgebracht:

Lied

Ja, Gott hat alle Kinder lieb *(siehe Anhang, S. 106)*

oder ein Kinderlied aus einem anderen Land

Katechese, Teil B

Die verschiedenen Menschen gehören alle zusammen, auch wenn viele anders aussehen und anders sprechen. Wir haben für jeden von euch Menschen aus Papier mitgebracht. Die dürft ihr jetzt anmalen. Malt die Figuren ganz bunt an, um zu zeigen, dass es ganz verschiedene Menschen und Völker gibt.

Die Kinder malen lassen, den kleineren dabei helfen. Dann die bunten Figuren wie eine Menschenkette um die Mitte mit den Materialien legen. Die Kinder können sich im Kreis darum herumstellen und das Gebet hören:

Gebet

Guter Gott, du hast alle Menschen lieb. Ob schwarz, weiß, gelb oder rot. Alle sind sie anders, vor dir sind alle gleich. So ist unsere Welt schön bunt, und es wird nicht langweilig. Wir können andere Länder besuchen und Neues lernen. Bleib du bei allen Menschen auf der Erde und bei uns. Amen.

Segen

Und so segne uns und alle Menschen auf der Welt der gute Gott: der Vater, der Sohn und der Heilige Geist. Amen.

Lied

Wir singen alle Hallelu- *(siehe Anhang, S. 103)*

Zum Schluss dürfen die Kinder ihre Figuren natürlich mit nach Hause nehmen.

Die Geschichte vom kleinen Hamster

Ein Gottesdienst im Herbst zum Thema »Gottvertrauen«

Vorbereitung

- *Namensschildchen*
- *Eine große, dicke Kerze*
- *Für jedes Kind ein Hamster aus Moosgummi (siehe Kopiervorlage im Anhang, S. 120).*
- *Viele kleine bunte Papierschnipsel (aus Zeitschriften oder buntem Papier)*
- *Kleinkindgeeigneter Klebstoff*
- *Ein Stofftier-Hamster*
- *Ein graues Tuch oder ein Tonpapierstück*
- *Eine Sonne (ein Kreis aus gelbem Kartonpapier mit separaten gelben Strahlen aus Kartonpapier zum Anlegen)*
- *Ein Körbchen mit bunten Herbstblättern*
- *Ein Körbchen mit Äpfeln*

Begrüßung

Liebe Kinder, liebe Eltern: Es ist *(wird)* Herbst. Und ihr seid durch die bunte Landschaft zu unserem Gemeindezentrum gekommen. Vielleicht habt ihr auf dem Weg auch schon ein paar bunte Blätter vom Boden aufgehoben und mitgenommen. Heute möchten wir wieder Gottesdienst feiern. Wenn wir zusammen sind, dann ist Gott auch bei uns. Er ist gern bei uns und sorgt sich um uns. Er möchte, dass es uns gut geht.

Kerze

Zu unserem Gottesdienst gehört die Kerze. Sie erinnert uns daran, dass Gott immer bei uns ist. *(Kerze anzünden oder anzünden lassen.)*

Kreuzzeichen

Die Erwachsenen beginnen den Gottesdienst mit dem Kreuzzeichen, das wollen wir auch gemeinsam tun.

Der Katechet oder die Katechetin beschreibt die Bewegung (z. B.: »Ich nehme meine Hand und lege sie zuerst an die Stirn, dann an die Brust und dann an die beiden Schultern.«). Die Eltern können Arme und Hände ihrer Kinder nehmen und die Bewegungen lenken.

Lied

Wir feiern heut' ein Fest *(siehe Anhang. S. 104)*

Katechese, Teil A[12]

Ein(e) Erwachsene(r) ist Erzähler(in). Der Stoffhamster ist eine Art Handpuppe zur Erzählung. Der Erzähler oder die Erzählerin setzt sich mit dem Stoffhamster in die Mitte. Dort liegen ein graues, rundgefaltetes Tuch und ein gelber Kreis aus Kartonpapier mit angelegten gelben Streifen (also die Sonne mit ihren Strahlen). Die Körbchen mit den Blättern und den Äpfeln hat eine andere Person in greifbarer Nähe.

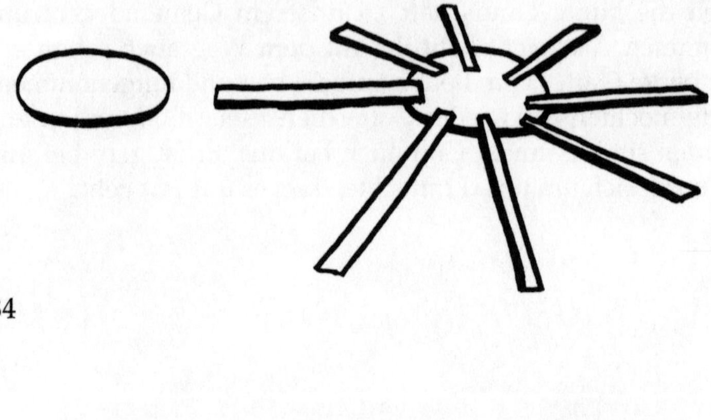

Erzähler(in): Auf einem wunderschönen, weiten Feld lebte eine Hamsterfamilie: Papa Hamster, Mama Hamster und viele kleine Hamsterkinder. Das kleinste Hamsterkind hat vielleicht so ausgesehen wie mein Stoffhamster; der ist schön weich und kuschelig. Die Hamster in unserer Geschichte waren natürlich viel kleiner. Es war Herbst, und die Sonne schien noch schön warm. Hier in unserer Mitte liegt die schöne gelbe Sonne mit ihren Strahlen.

Weil bald der Winter kam, waren die Hamster sehr fleißig. Sie sammelten Blätter für ihre Höhle unter dem Feld. Sie wollten es im Winter schön warm und weich haben. Und damit sie etwas zu essen hatten, sammelten sie auch schöne knackige Äpfel.

Die zwei Körbchen mit Blättern und Äpfeln zur Mitte stellen. Aus den Blättern auf dem grauen Tuch neben der Sonne ein Nest bauen, Äpfel in das Nest legen. Noch einige Blätter und Äpfel in den Körbchen lassen.

Damit die Blätter und die Äpfel für den ganzen langen Winter reichten, mussten alle Hamster aus der Familie mithelfen. Nur der kleinste Hamster wollte nicht helfen. Die Eltern dachten: »Soll er spielen gehen, er ist ja noch so klein.« Aber die Geschwister ärgerten sich über den kleinsten Hamster, weil sie seine Arbeit mitmachen mussten.

»Was machst du denn nur den lieben langen Tag?«, fragten sie ihn, wenn er morgens weggehen wollte. »Ich höre mir Geschichten an!«, sagte der kleine Hamster. Da wurden seine Geschwister richtig wütend auf ihn. »So was von einem Faulpelz!«, schimpften sie. Der kleine Hamster aber ging los, um von anderen Tieren Geschichten zu hören. *(Das Stofftier »herumlaufen« lassen, vielleicht einige Kinder damit streicheln.)*

Als nun der Winter kam und der erste Schnee fiel, da ist die Hamsterfamilie in ihre Höhle geschlüpft. *(Den Hamster in das Nest setzen.)* Die Hamster mussten jetzt eine sehr lange Zeit in dem Nest bleiben.

Viele Tage und viele Nächte waren die Hamster in der Höhle. Sie dachten daran, wie schön es im Frühling wird, wenn die Sonne wieder scheint und es warm wird. Aber der Winter in der Höhle war sehr lang. Und bald bekamen die Geschwister des kleinen Hamsters Angst. Sie fragten: »Was ist, wenn wir im Frühjahr aus unserer Höhle kommen und die Sonne dann nicht mehr scheint? Dann ist es doch kalt und dunkel?« *(Die Sonnenstrahlen von der Sonne nehmen und weglegen.)*

Die kleinen Hamster rückten vor Angst enger zusammen. »Und wenn die Sonne nicht mehr scheint, dann können auch die Blumen und die Bäume nicht wachsen. Dann gibt es keine Blätter mehr«, rief ein Hamster, »und wir müssen frieren.« *(Das Körbchen mit den Blättern wegnehmen.)*

»Und dann wachsen auch keine Äpfel mehr!«, sagte ein anderer Hamster. Dann haben wir nichts mehr zu essen und müssen hungern.« *(Das Körbchen mit den Äpfeln wegnehmen.)*

Da wurden die Hamster sehr traurig. Sie rückten noch enger zusammen, hatten Angst und verloren ihre Hoffnung. »Was sagst du dazu?«, fragten sie den kleinsten Hamster.

Und der kleinste Hamster sagte: »Im Herbst habe ich viele Geschichten gehört. Ich habe gehört, dass Gott uns die Welt geschenkt hat. Er lässt die Sonne scheinen. Er lässt es regnen. Er hält die ganze Welt in seiner Hand; er sorgt dafür, dass die Sonne im Frühling wieder scheint.« Die anderen Hamster hörten genau zu. Und als sie hörten, dass so viele Tiere es ganz gewiss erzählt hatten, da konnten sie wieder glauben, dass die Sonne wieder scheinen würde. *(Die Strahlen wieder an die Sonne legen.)*

Der kleine Hamster erzählte weiter. »Ich habe gehört, dass Gott die Bäume und die Blätter wachsen lässt und dass er die Äpfel reifen lässt. Er möchte, dass die Tiere etwas zu essen haben und sich eine warme Höhle bauen können.« Da fassten die Hamster wieder Mut. *(Die Körbchen mit den Blättern und den Äpfeln wieder zum Nest stellen.)*

Der kleine Hamster erzählte jetzt an den langen Abenden noch viele Geschichten von Gott. Die Hamsterfamilie konnte wieder hoffen, und ihr Leben in der kleinen Höhle wurde wieder bunt. Und die Zeit bis zum Frühling kam ihnen ganz kurz vor.

Lied

Pass auf, kleines Auge *(siehe Anhang, S. 105)*

Katechese, Teil B

So ein Hamster ist ziemlich klein. Und doch hat er seinen Geschwistern wieder Mut gemacht; und so hat der kleine Hamster mit seiner Geschichte für die anderen gesorgt. Die anderen Hamster haben sich daran gefreut. Wir können uns auch über Geschichten freuen, besonders über Geschichten von Gott.

Wir können so einen kleinen Hamster auch basteln. Eigentlich sind Hamster ja braun, aber unser Hamster kann ganz bunt werden. Denn der kleine Hamster aus der Geschichte hat das Leben in der Höhle wieder bunt gemacht.

Jedes Kind bekommt einen vorbereiteten Hamster aus Moosgummi. Mit den Papierschnipseln können die Kinder mithilfe der Eltern den Hamster bunt bekleben.

Schaut euch mal die Hamster an, wie bunt sie sind – so viele Farben! Nachher dürft ihr euren Hamster mit nach Hause nehmen. Zu Hause setzt euch einfach mal mit Mama und Papa hin und hört eine Geschichte an – so wie bei der Hamsterfamilie.

Gebet

Guter Gott, wir können viel laufen und spielen und toben. Manchmal haben wir auch Angst und fürchten uns. Der kleine Hamster hat still zugehört und die Geschichten dann weitererzählt. Wir wollen auch mal still sitzen und Geschichten von dir hören und uns an ihnen freuen. Du bist dann ganz nah bei uns, und wir bekommen neuen Mut. Bleib bei uns allen. Amen.

Segen

Und so segne uns und alle Menschen, die wir lieb haben, der gute Gott: der Vater, der Sohn und der Heilige Geist. Amen.

Lied

Wir singen alle Hallelu- *(siehe Anhang, S. 103)*

Martin teilt den Mantel

Ein Gottesdienst zum Fest des heiligen Martin (11. November)

Vorbereitung

- *Namensschildchen*
- *Eine große, dicke Kerze*
- *Für jedes Kind ein St.-Martins-Bild. Entweder für jedes Kind eine Kopie der Vorlage im Anhang (S. 121) oder ein Kunstbildchen. Kunstbildchen können in einer Buchhandlung oder direkt bei einem Kunstverlag bestellt werden. Ein Bildchen kostet zwischen 20 und 40 Pfennig.*[13]
- *Ein großes, weißes Tuch für die Mitte (evtl. eine runde Tischdecke)*
- *Für jedes Kind bzw. für jede Familie eine weiße Serviette*
- *Für jedes Kind ein Teelicht (Es empfiehlt sich, jedes Teelicht auf eine Pappscheibe zu kleben oder in ein Glas hineinzustellen, damit kein Wachs verschüttet wird.)*
- *Zwei rote Tücher, die Martins Mantel darstellen sollen*
- *Ein Holzschwert*
- *Martinswecken aus Hefeteig (beim Bäcker bestellen oder selber backen)*
- *Ein Korb, in dem Tuch, Holzschwert und Martinswecken verdeckt aufbewahrt werden*
- *Evtl. dicke Buntstifte zum Anmalen des Martinsbildes (falls die Kopiervorlage genommen wird)*

Begrüßung

Liebe Kinder, liebe Eltern: Heute feiern wir ein Fest! Heute *(gestern, morgen, letzte Woche ...)* ist *(war, wird sein)* das Fest des heiligen Martin. Wir feiern das Martinsfest, um an den heiligen Martin zu denken – das machen wir heute in unserem Gottesdienst. Wenn wir zusammen sind, dann ist Gott auch bei uns. Er ist gerne bei uns und möchte, dass es uns gut geht.

Kerze

Zu unserem Gottesdienst gehört die Kerze. Sie möchte uns daran erinnern, dass Gott immer bei uns ist. *(Kerze anzünden oder anzünden lassen.)*

Kreuzzeichen

Die Erwachsenen beginnen den Gottesdienst mit dem Kreuzzeichen. Das lasst uns auch gemeinsam machen.

Der Katechet oder die Katechetin beschreibt die Bewegung (z. B.: »Ich nehme meine Hand und lege sie zuerst an die Stirn, dann an die Brust und dann an die beiden Schultern.«). Die Eltern können die Arme und Hände ihrer Kinder nehmen und die Bewegung sanft lenken.

Lied

Wir feiern heut ein Fest *(siehe Anhang, S. 104)*

Katechese, Teil A

In der Mitte liegt eine weiße, runde (Tisch-)Decke. Drumherum liegen weiße Servietten. Unter jeder Serviette liegt ein Martinsbild versteckt. Der Korb mit den roten Tüchern, dem Holzschwert und den Martinswecken ist in greifbarer Nähe. Eine(r) zündet im Hintergrund für jedes Kind bzw. für jede Familie ein Teelicht an.

In unserer Mitte liegt heute ein weißes Tuch, drumherum weiße Servietten. Darunter haben wir etwas für euch versteckt. Ihr dürft nachschauen. *(Eltern helfen den ganz kleinen Kindern. Die älteren Kinder werden gleich erkennen, dass es eine Abbildung des heiligen Martin ist.)* Ihr könnt mir das Bild beschreiben. *(Die Kinder beschreiben, was sie sehen: ein Pferd, einen Mann – den Martin –, ein Schwert, einen Mantel, vielleicht auch schon, dass der Mantel geteilt wird, einen anderen Mann, der arm aussieht – einen Bettler ...)* Ihr dürft das Bild jetzt auf eure Serviette legen.

Heute möchte ich euch vom heiligen Martin erzählen. Er hat vor langer, langer Zeit gelebt. Martin war ein Soldat. Ihm ging es gut. Er hatte Geld, ein Pferd, genug zu essen und einen warmen Mantel. Wenn es kalt war, dann brauchte Martin nicht zu frieren. Von seinem Geld und von seinem Essen hat Martin sehr viel verschenkt. So wie auch heute gab es Menschen, die hatten keine Arbeit, kein Geld, keine Wohnung und nicht genug zu essen. Mit diesen armen Menschen hat Martin geteilt.

Einmal war es an einem Tag besonders kalt. Da kam Martin an eine Stadt. Vor der Stadt saß ein Mann, ein Bettler. Der hatte keine warmen Kleider. Er musste frieren, es war ihm bitterkalt. Stellt euch vor, ihr müsstet ohne Pulli und ohne Jacke, ohne Schuhe hinaus in die Kälte. So hat der Mann gefroren. Martin wollte ihm helfen. Aber er hatte sein ganzes Geld schon verschenkt, und er hatte auch nichts mehr zu essen. So nahm er seinen Mantel. *(Aus dem Korb die zwei roten Tücher nehmen und wie ein Stück hochhalten.)* Und er nahm sein Schwert. *(Holzschwert aus dem Korb nehmen.)* Nun hat er mit dem Schwert seinen Mantel einfach in zwei Teile geschnitten. *(Mit dem Holzschwert die beiden Tücher teilen.)*

Ein Mantelteil legte er dem armen Mann um die Schultern und umarmte ihn. *(Einem Kind ein Tuch sanft um die Schultern legen. Wenn man es gut kennt, dann das Kind auch umarmen und drücken.)* Da wurde es dem armen Mann ganz warm. *(Tücher und Schwert auf das weiße Tuch legen.)*

Lied

Martinslied *(siehe Anhang, S. 114)*

Katechese, Teil B

Sein ganzes Leben lang hat Martin das, was er hatte, mit anderen Menschen geteilt. Die Menschen in der Stadt und im ganzen Land haben Martin sehr gern gehabt. Martin hat viel mit Gott gesprochen (gebetet), besonders für Leute, die arm waren. Als Martin alt war, ist er gestorben. Die Menschen haben gesagt: »Martin hat viel für uns getan und für uns gebetet. Jetzt ist er ganz nahe bei Gott. Bestimmt bittet und betet er weiter für uns.« Und so haben sie den Martin »Sankt Martin« genannt, das heißt »heiliger Martin«.

Die Menschen haben den heiligen Martin bis heute nicht vergessen. Sie haben gesagt: »Er hat uns Licht und Wärme gebracht.« Und so zünden wir jedes Jahr am Martinstag Lichter an, um an den heiligen Martin zu denken. *(Jedes Kind oder jede Familie bekommt ein brennendes Teelicht auf die Serviette neben das Martinsbild gestellt; evtl. das elektrische Licht im Raum ausmachen.)* Vorsicht mit dem Licht!

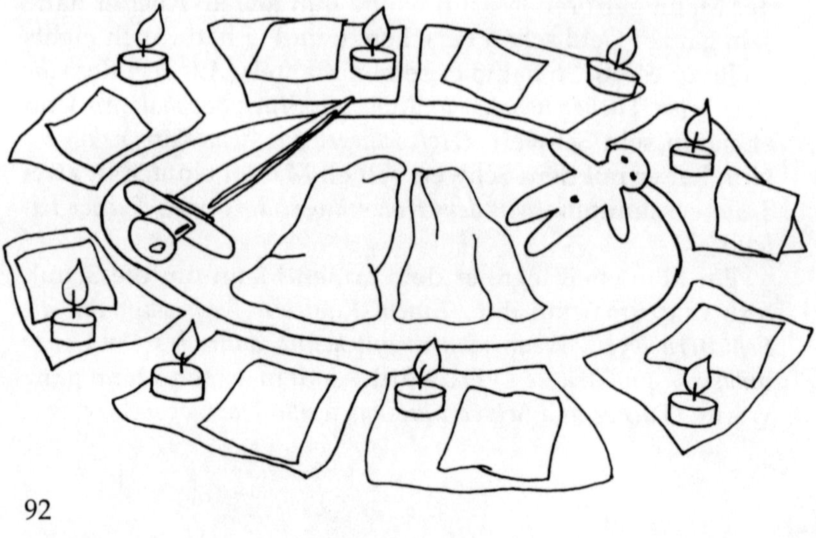

Jetzt brennen bei uns Kerzen im Raum. Viele Menschen zünden Kerzen in Laternen an und machen damit einen Laternenumzug.

Wenn sich an den Gottesdienst kein Laternenumzug anschließt, dann kann jetzt ein kleiner Umzug mit den Kerzen durch den Raum gemacht werden.

Wir nehmen unsere Kerzen und ziehen damit durch den Raum. Dazu singen wir.

Lied

Mache dich auf und werde Licht *(siehe Anhang, S. 115), mehrmals hintereinander singen.*

Eltern tragen ihre ganz kleinen Kinder und deren Kerzen auf dem Arm. Dann setzen sich alle wieder auf ihre Plätze. Wenn jetzt noch Zeit ist, dann können die Kinder ihr Martinsbild (falls es von der Kopiervorlage ist) mit dicken Buntstiften anmalen.

Martin hat geteilt, und auch wir können teilen. Hier habe ich süße Martinswecken mitgebracht. *(Die Martinswecken – auf der Abbildung links ist einer zu sehen – aus dem Korb nehmen und hoch halten.)* Die möchte ich herumgeben, und ihr dürft sie untereinander teilen, natürlich auch mit den Erwachsenen. *(Darauf achten, dass jede(r) etwas bekommt. In Ruhe verteilen und in Ruhe essen. Zum Gebet dann aufstehen und alle an die Hände fassen lassen.)*

Gebet

Guter Gott, der heilige Martin hat geteilt. Wir können auch teilen – wie eben unsere Martinswecken. Schenke uns ein gutes Herz, wie Martin es hatte. Amen.

Segen

Uns so segne und behüte uns und alle, die wir lieb haben, und alle die teilen wie der heilige Martin, der gute Gott: der Vater, der Sohn und der Heilige Geist. Amen.

Lied

Wir singen alle Hallelu- *(siehe Anhang, S. 103)*

Am Schluss bekommt jedes Kind das Martinsbild und das Teelicht mit nach Hause.

Anhang

Wir sagen euch an den lieben Advent

2. Wir sagen euch an den lieben Advent.
Sehet, die zweite Kerze brennt!
So nehmet euch eins um das andere an,
wie auch der Herr an uns getan!
Freut euch, ihr Christen,
freuet euch sehr!
Schon ist nahe der Herr.

3. Wir sagen euch an den lieben Advent.
Sehet, die dritte Kerze brennt!
Nun tragt eurer Güte hellen Schein
weit in die dunkle Welt hinein!
Freut euch, ihr Christen,
freuet euch sehr!
Schon ist nahe der Herr.

4. Wir sagen euch an den lieben Advent.
Sehet, die vierte Kerze brennt!
Gott selber wird kommen, er zögert nicht.
Auf, auf, ihr Herzen, und werdet licht!
Freut euch, ihr Christen,
freuet euch sehr!
Schon ist nahe der Herr.

Text: Maria Ferschl 1954
Melodie: Heinrich Rohr 1954

Du hast uns deine Welt geschenkt

1. Du hast uns deine Welt geschenkt:
Mit beiden Händen von oben nach unten einen großen Kreis machen.
den Himmel, *Arme und Hände zeigen nach oben.*
die Erde. *Arme und Hände zeigen nach unten.*
Du hast uns deine Welt geschenkt. *s.o.*
Herr, wir danken dir. *Hände offen nach vorne halten.*

2. Du hast uns deine Welt geschenkt:
die Länder, *Hände zur Fläche nach vorn ausbreiten.*
die Meere. *Wellenbewegungen mit den Händen.*
Du hast uns deine Welt geschenkt: Herr, wir danken dir.

3. Du hast uns deine Welt geschenkt:
die Sonne, *Ausgestreckte Arme, Hände nach oben überkreuzt.*
die Sterne. *Hände öffnen sich, bleiben oben.*
Du hast uns deine Welt geschenkt: Herr, wir danken dir.

4. Du hast uns deine Welt geschenkt:
die Blumen, *Hände bilden einen Kelch.*
die Bäume. *Arme über dem Kopf verschränken.*
Du hast uns deine Welt geschenkt: Herr, wir danken dir.

5. Du hast uns deine Welt geschenkt:
die Berge, *Hände über dem Kopf schließen.*
die Täler. *Geschlossene Hände nach unten.*
Du hast uns deine Welt geschenkt: Herr, wir danken dir.

6. Du hast uns deine Welt geschenkt:
die Vögel, *Flugbewegungen mit ausgestreckten Armen.*
die Fische. *Schwimmbewegungen mit gefalteten Händen.*
Du hast uns deine Welt geschenkt: Herr, wir danken dir.

7. Du hast uns deine Welt geschenkt:
die Tiere, *Größe der Tiere ca. 50 cm über der Erde mit den Händen andeuten.*
die Menschen. *Beide Arme in Brusthöhe ausgestreckt nach vorn.*
Du hast uns deine Welt geschenkt: Herr, wir danken dir.

8. Du hast uns deine Welt geschenkt:
Du gabst mir das Leben.
Mit beiden Händen auf sich zeigen.
Du hast mich in die Welt gestellt: Herr, wir danken dir.

9. Du hast uns deine Welt geschenkt:
Du gabst uns das Leben.
Du hast uns in die Welt gestellt: Herr, wir danken dir.
Den Kreis schließen, alle fassen sich an, gehen zur Mitte und heben die Hände zum Himmel. Langsam die Arme herunter und zurück in den großen Kreis. Der große Kreis geht langsam in die Runde.

Text: Rolf Krenzer
Musik: Detlev Jöcker
Aus Buch, CD und MC: Viele kleine Leute

Alle Knospen springen auf

2. Alle Menschen auf der Welt fangen an zu teilen,
alle Wunden nah und fern fangen an zu heilen.
Menschen teilen – Wunden heilen;
Knospen blühen – Nächte glühen.

3. Alle Augen springen auf, fangen an zu sehen,
alle Lahmen stehen auf, fangen an zu gehen.
Augen sehen – Lahme gehen;
Menschen teilen – Wunden heilen;
Knospen blühen – Nächte glühen.

4. Alle Stummen hier und da fangen an zu grüßen,
alle Mauern tot und hart fangen an zu fließen.
Stumme grüßen – Mauern fließen;
Augen sehen – Lahme gehen;
Menschen teilen – Wunden heilen;
Knospen blühen – Nächte glühen.

Tragt in die Welt nun ein Licht

2. Tragt zu den Alten ein Licht …

3. Tragt zu den Kranken ein Licht …

4. Tragt zu den Kindern ein Licht …

Text und Musik: Wolfgang Longardt

Alle Knospen springen auf

Text: Wilhelm Willms
Musik: Ludger Edelkötter
Aus: Weil du mich so magst/Wir sind Kinder dieser Erde (IMP 1036/1045)

Zu Ostern in Jerusalem

2. Zu Pfingsten in Jerusalem, da ist etwas geschehn.
Die Jünger reden ohne Angst, und jeder kann's verstehn.
Hört, hört … und jeder kann's verstehn.

3. Zu jeder Zeit in jedem Land kann plötzlich was geschehn.
Die Menschen hören, was Gott will, und können sich verstehn.
Hört, hört … und können sich verstehn.

Wir singen alle Hallelu-

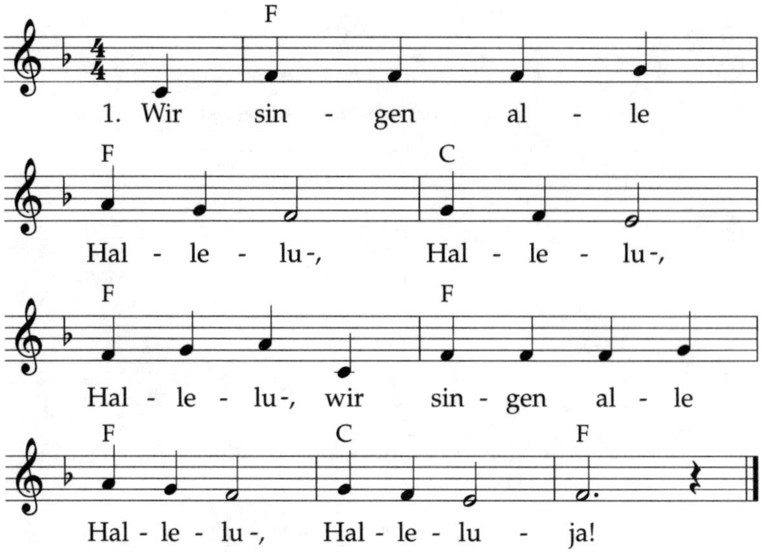

2. Wir klatschen alle …

3. Wir patschen alle …

4. Wir stampfen alle …

5. Wir tanzen alle …

Zu Ostern in Jerusalem
Text: Arnim Juhre
Musik: Karl-Wolfgang Wiesenthal 1968

Wir feiern heut' ein Fest

... und geben uns die Hände.
... und geh'n herum im Kreise.
... und beten miteinander.
... und danken miteinander.
... und tanzen miteinander.

Text: Rolf Krenzer
Musik: Ludger Edelkötter
Aus: Weil du mich so magst/Wir feiern heut' ein Fest (IMP 1036/1022)

Pass auf, kleines Auge

2. Pass auf, kleines Ohr, was du hörst –
3. Pass auf, kleiner Mund, was du sprichst –
4. Pass auf, kleine Stirn, was du denkst –
5. Pass auf, kleine Hand, was du tust –
6. Pass auf, kleiner Fuß, wohin du gehst –
7. Pass auf, kleines Herz, wer in dir wohnt –

Nach einer mündlich tradierten Vorlage,
bearbeitet von Pfarrer Dr. Wolfgang Schwartz

Ja, Gott hat alle Kinder lieb

2. Ich habe einen langen Zopf, trag einen spitzen Hut.
   Und meine Haut, die ist ganz gelb, das steht mir aber gut.

3. Bei uns im großen Afrika, da scheint die Sonne heiß.
   Ich bin ganz schwarz, hab krauses Haar und Zähne blitzeweiß.

4. In meinem bunten Federschmuck schleich ich mich durch den Wald
   ganz leis auf meinen Mokassins. Wenn's knistert, mach ich Halt.

5. Europa heißt der Teil der Welt, wo ich zu Hause bin.
   Und mein Gesicht, das ist ganz weiß, die Nase mittendrin.

6. Und ich bin das Zigeunerkind, zieh mit von Ort zu Ort.
   Doch wenn ich mal im Himmel bin, dann brauch ich nicht mehr fort.

Text und Melodie: Margret Birkenfeld

Aus: Ja, Gott hat alle Kinder lieb

Ich habe einen Namen

2. Ich heiße Dorothee, und ich bin getauft.
Ja, du heißt Dorothee, und du bist getauft.

3. Wir haben einen Namen, und wir sind getauft.
Wir haben einen Namen, und wir sind getauft.

Text: Rolf Krenzer
Musik: Peter Janssens
Aus: Kommt alle und seid froh, 1982

Es läuten alle Glocken

2. Wir grüßen dich, Herr Jesus,
im Gotteshause hier.
Wir sind nun deine Gäste.
Wir danken dir dafür.

3. Lasst alle Kinder kommen.
So sagt Herr Jesus Christ.
Sie sollen zu mir kommen,
und wehrt es ihnen nicht.

4. Er will uns glücklich machen,
von Herzen froh und gut.
Als seinen Gotteskindern
gibt er uns frischen Mut.

Text: Hermann Bergmann
Musik: Hartmut Wortmann
Aus Liederbuch und CD: »Es läuten alle Glocken«

Das eine Brot

Beide Stimmen gleichartig besetzen.

Musik: Volkslied aus Israel
Text: Lothar Zenetti 1972 (aus: »Sieben Farben hat das Licht«, 1975)
Textrechte: Pfeiffer-Verlag, München

Sankt Martin

2. Im Schnee saß, im Schnee saß,
im Schnee, da saß ein armer Mann,
hat Kleider nicht, hat Lumpen an.
»O helft mir doch in meiner Not,
sonst ist der bittre Frost mein Tod!«

3. Sankt Martin, Sankt Martin,
Sankt Martin zieht die Zügel an,
das Ross steht still beim alten Mann.
Sankt Martin mit dem Schwerte teilt
den warmen Mantel unverweilt.

4. Sankt Martin, Sankt Martin,
Sankt Martin gibt den halben still,
der Bettler rasch ihm danken will.
Sankt Martin aber ritt in Eil
hinweg mit seinem Mantelteil.

Text und Melodie: Volksgut aus dem Rheinland

Mache dich auf

Text: Jesaja 60,1
Melodie: Kommunität Gnadenthal

Zum Nikolausfest

2. Alle Kinder kennen diesen Mann, der schon viel, viel Gutes hat getan. Nikolaus teilt Freude aus …

3. Gerne half er Menschen aus der Not, teilte mit den Armen auch das Brot. Nikolaus teilt Freude aus …

Quelle unbekannt

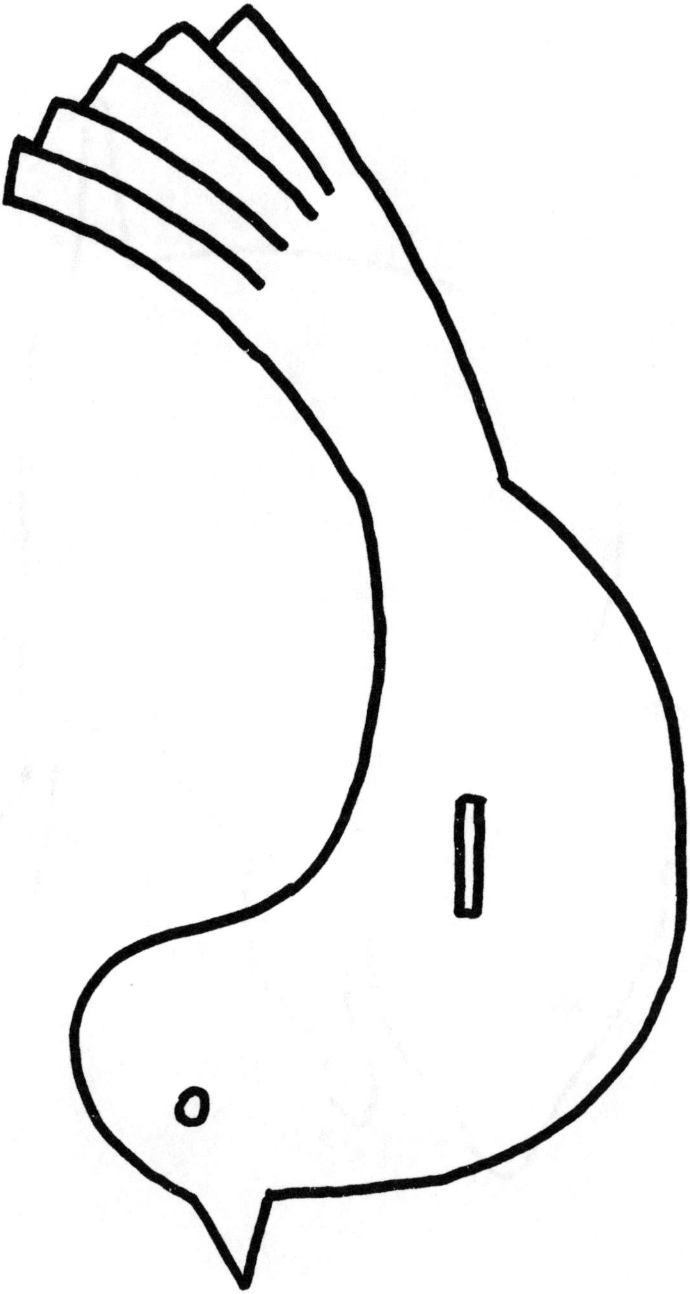

Anmerkungen

1 Gemeinsame Synode der Bistümer in der BRD, Beschluss »Gottesdienst«, 4.1. Kindergottesdienste, Freiburg–Basel–Wien 1976, 207.

2 A. a. O., 208.

3 Vgl. auch W. Failing, Erziehungs- und Bildungsbereich in kirchlicher Verantwortung. Der Elementarbereich, Abschnitt 8.1.1.3.1., in: E. Feifel (Hrsg.), Handbuch der Religionspädagogik, Gütersloh 1975, 209.

4 Ebd.

5 Ich folge in der kurzen Darstellung der Glaubensentwicklung den Schritten Bernhard Groms. Vgl. dazu: B. Grom, Religionspädagogische Psychologie, Kleinkind – Schüler – Jugendlicher, Göttingen 1981, 36–240.

6 Vgl. H. Schmidt, Leitfaden Religionspädagogik, Stuttgart 1991, 128.

7 Vgl. B. Grom, a. a. O., 73 ff.

8 Vgl. a. a. O., 97 ff.

9 Vgl. a. a. O., 117 ff.

10 Zum Beispiel bei: RPA-Verlag, Gaußstr. 8, D-84030 Landshut.

11 Die Bastelanleitung für die Taube ist mit freundlichem Dank entnommen aus: Kerstin Kuppig, Basteln Religion. Werkstattbuch für Kindergarten – Schule – Gemeindekatechese, Herder Freiburg – Basel – Wien 1993, 88 f.

12 Der eröffnende »Aufhänger« zum Einstieg in die Katechese ist angeregt von der wunderschönen und längst zum Klassiker gewordenen Geschichte der Maus »Frederick« von Leo Leonni, auf Deutsch erschienen im Gertraud Middelhauve Verlag, Köln (seit 1975 als Taschenbuch in zahlreichen Auflagen, seit 1999 auch gebunden). In dieser Katechese wird die zu Grunde liegende Ausgangsgeschichte jedoch religiös gedeutet und unter religionspädagogischem Aspekt weiterentfaltet.

13 Mögliche Bestelladresse: Ars Liturgica Kunstverlag, Postfach, 56653 Maria Laach; Tel. (0 26 52) 5 93 60.

Empfehlenswerte Bücher für Kleinkindergottesdienste

Um eigene Ideen in der Gottesdienstvorbereitung entfalten zu können, ist es manchmal hilfreich, wenn man Ideenfundgruben in (anderen) Büchern anschaut. Daher möchte ich hier kurz ein paar Bücher vorstellen, die ich für hilfreich halte. Zunächst möchte ich solche vorstellen, die Grundlegungen enthalten und sowohl für Einsteiger als auch für erfahrene Praktiker nützlich sein können.

- Für sehr empfehlenswert halte ich die Veröffentlichungen der *Religionspädagogischen Arbeitshilfen* (beim RPA-Verlag, Gaußstraße 8, D-84030 Landshut).

In den seit vielen Jahren vierteljährlich erscheinenden Themenheften wird versucht, religiöse Inhalte für Kinder erfahrbar zu machen. Vielleicht lässt es sich kurz so erklären, dass der Verlag seit Jahren bestrebt ist, die Ansätze der Reformpädagogin Maria Montessori für den religiösen Bereich weiter zu entwickeln – die Kinder also durch aktive, sinnenorientierte Beteiligung ganzheitlich anzusprechen. Die Zielgruppe sind hauptsächlich Kindergartenkinder, aber die Ideen lassen sich leicht auch für kleinere Kinder abwandeln. Es empfiehlt sich, vom Verlag ein Bestellheft kommen zu lassen. Das ist gleichzeitig das Gesamtverzeichnis der lieferbaren Hefte, Bücher und Materialien. Für Einsteiger sind sicher die älteren Hefte, die sich mit den Themen des Kirchenjahres und der Jahreszeiten beschäftigen, am hilfreichsten. Viele, die heute Gottesdienste mit Kindern vorbereiten, orientieren sich an den vom RPA-Verlag verbreiteten Methoden.

- *Alma Grüsshaber/Gerhard Martin (Hrsg.): Willkommen in unserer Kirche. Handbuch für Gottesdienste mit Kleinkindern von 0–4 Jahren, Verlag Junge Gemeinde, Leinfelden-Echterdingen 1995, 192 Seiten.*

Das Buch bietet die ausführlichste Grundlegung – im ersten Teil theologische Gedanken zur Gemeinde als Lerngemeinschaft, darüber hinaus, was die Theologie über Kinder und die kinder- und familienfreundliche Gemeinde sagt. Erläutert wird, dass die Feiern religiöse Erfahrungen ermöglichen sollen, die sich an der Entwicklung der Kinder orientieren. Die Hinweise zur Planung berücksichtigen, wie Kinder die Kirche erleben. Ein eigenes Kapitel befasst sich mit der Taufkatechese und ihrer Vernetzung mit den Gottesdiensten.

Die Autoren sind Haupt- und Ehrenamtliche aus der evangelischen Kirche. Dieses Buch ist aber ebenso ein Gewinn für katholische Gemeinden, zumal in der religiösen Frühpädagogik konfessionelle Unterschiede zweitrangig sind. Die 14 Gottesdienstentwürfe aus dem zweiten Teil sind altersgerecht, sinnenfroh und abwechslungsreich (von Fingerspielen über Erzählungen mit Legematerialien bis hin zu Basteleinheiten). Vorgestellt werden Feiern zu Lebenssituationen, zu Festen im Kirchenjahr und zu Symbolen.

▶ *Monika Hofmann u. a.: Mama, es glockt. Wie Eltern mit ihren kleinen Kindern Gottesdienst feiern, Kösel Verlag, München 1996, 186 Seiten.*

Ein guter praktischer Einleitungsteil eröffnet das Buch. Die evangelischen Autorinnen haben ein ökumenisches Buch zur Gestaltung von Gottesdiensten für Kinder bis zu sechs Jahren geschrieben. Die Aktionsteile sind auch für die Kleinsten geeignet, aber die thematischen Hauptteile richten sich schon an Kindergartenkinder. Sehr hilfreich sind die Anregungen für den Start einer Mini-Gottesdienst-Gruppe, besonders zur »Arbeit im Team«.

Die 20 Gottesdienstmodelle sind ansprechend und ausführlich dargestellt. In diesen Entwürfen werden Feste aus dem Kirchenjahr gefeiert, biblische Geschichten ganzheitlich vermittelt und besondere Themen (zum Beispiel Taufe, Beten oder der erste Mini-Gottesdienst) aufgegriffen. Auch hier sind Lieder, Bastelvorschläge und Anregungen für den Umgang mit Materialien zu finden.

▶ *Rosi Mittermeier (Hrsg.): Happy Halleluja. 2 × 12 Gottesdienste für kleine Kinder und ihre Familien, Verlag Bernward bei Don Bosco, München 1998, 120 Seiten.*

Die große Stärke dieses Buches ist der breite Einleitungsteil mit wertvollen Praxis-Tipps. Besonders für Einsteiger in Sachen Kinderliturgie sind hilfreiche Hinweise in guter Gliederung vorhanden, ebenso Vorschläge zur Zusammenarbeit des Teams mit dem Priester, pädagogische Grundsätze bis hin zu konkreten Tipps für die inhaltliche und organisatorische Vorbereitung und Gestaltung der Gottesdienste.

Eine Besonderheit der Autoren ist der Vorschlag, die Gottesdienste für kleine Kinder und ihre Familien als Eucharistiefeier zu feiern. Dazu werden wertvolle Hinweise gegeben. Natürlich kann man die 24 Gottesdienstentwürfe auch als Wortgottesdienste gestalten. Die Entwürfe selbst sind für Kinder von zwei bis sechs Jahren und ihre Familien konzipiert. Die Gestaltung richtet sich allerdings eher nach dem Entwicklungsstand der Sechsjährigen. Für jeden Monat des Jahres sind zwei Vorschläge enthalten. Die Entwürfe sind wirklich so gestaltet, dass Kindergarten- und Vorschulkinder mit vielen Sinnen kreativ eingebunden werden (Schattenspiel, Pantomimen, mit Tüchern gestalteten Szenen, Basteleien ...). Ein »Mitbringsel« für die Kinder soll dazu beitragen, dass der Gottesdienst in den Familienalltag hineinwirken mag.

Es gibt auch Werkbücher, die zumeist ausschließlich Vorschläge für einzelne Gottesdienste enthalten. Solche Bücher sind besonders für Vorbereitungsgruppen hilfreich, die in der Gestaltung und Feier von Kleinkindergottesdiensten bereits geübt sind.

▶ *Irmi und Hans-Georg Spangenberger: Daß Gott uns nicht vergißt. 12 Gottesdienste für Kinder von 3–7 Jahren, Verlag Bernward bei Don Bosco, Hildesheim 1996, 128 Seiten.*

Für Familien mit Kindern im Kindergarten- und Einschulungsalter bietet das Buch einen Gang durch das Kirchenjahr mit einem Vorschlag für jeden Monat. Die Entwürfe sind mit vielen Abbildungen und (Bastel-)Vorlagen ausführlich dargestellt. Alle zwölf Vorschläge sind kindgerecht gestaltet: Es wird mit Legematerial gearbeitet und viel erzählt und gespielt.

▶ *Susanne Scheidt/Marion Vieth (Hrsg.): Wir feiern Kinderkirche. 25 Gottesdienste für Kinder bis 6, Matthias-Grünewald-Verlag, Mainz 1999, 126 Seiten.*

Eine gelungene Zusammenstellung von Gottesdienstentwürfen für Kinder bis sechs Jahren. In den Gottesdiensten wird viel mit Legematerialien (nach der Methode der *Religionspädagogischen Arbeitshilfen*) gearbeitet. Das ist einfach eine wirklich kindgerechte Form des liturgischen Feierns. Aber auch Schattenspiele, Rollenspiele, Dias, Tänze, Geschichtenerzählen gehören mit zum Methodenrepertoire. Die Gottesdienstthemen orientieren sich am Kirchenjahr und an den Themenkreisen »Biblische Geschichten« und »Kirche sein«. Auch die 16 Lieder im Anhang sind hilfreich für die Vorbereitung.

▶ *Petra Langholz: Der Baum der hundert Bitten. Kleinkindergottesdienste, Patmos Verlag, Düsseldorf 1995, 148 Seiten.*

Das Buch ist ebenfalls auf die Altersgruppe von drei bis sieben Jahren abgestimmt. Diese Gottesdienstmodelle sind in verschiedene Themenfelder gegliedert – wie »Das Kind und seine Bedürfnisse«, »Danken – Bitten – Beten«, »Jesus« oder »Kirche«. Jedes Themenfeld wird in mehreren Entwürfen von verschiedenen Seiten beleuchtet. Die Glaubensgespräche mit den Kindern werden allerdings nur angedeutet, und die Erzählvorlagen fallen manchmal sehr kurz aus. Besondere Stärke des Buches sind die guten Gestaltungsideen und die zahlreichen Lied- und Tanzvorschläge.

▶ *Manfred Hilkert: Wir sind die Kleinen in der Gemeinde. Bausteine für einen kreativen Kindergottesdienst mit 4- bis 6-jährigen, Verlag Ernst Kaufmann, Lahr ²1996, 144 Seiten.*

Wer keine fertigen Gottesdienstmodelle, sondern Ideen und Anregungen für Bastel- und Gestaltungselemente (zum Beispiel Tanz- und Bewegungsanleitungen) sucht, für den bietet das Buch eine wahre Fundgrube. Mit den einzelnen Bausteinen wird jeweils eine Aussage eines biblischen Textes aufgenommen und mit Werkmaterial dazu gestaltet. Dahinter steht der Gedanke, dass Kinder Texte aus dem Alten und dem Neuen Testament durch Gebasteltes be-greifen können – und zwar von der Schöpfungsgeschichte bis hin zu den Reisen des Apostels Paulus und der Offenbarung des Johannes.

- *Pia Biehl: »Erzähl mir was vom lieben Gott ...«. Krabbel- und Kindergottesdienste rund ums Kirchenjahr, Verlag Katholisches Bibelwerk, Stuttgart 1999, 112 Seiten.*

- *Pia Biel: »Erzähl mir mehr vom lieben Gott ...«. Krabbel- und Kindergottesdienste zu biblischen Geschichten, Verlag Katholisches Bibelwerk, Stuttgart 2000, 112 Seiten.*

Der Autorin kommt es in beiden Bänden darauf an, dass Themen ums Kirchenjahr und biblische Geschichten für die Kinder erlebbar und erfahrbar werden. Dazu werden Geschichten und Ereignisse erzählt, in Bildern betrachtet, (nach)gespielt und so verinnerlicht. Dabei wird ebenfalls viel mit Legematerialien (auch nach der Methode der *Religionspädagogischen Arbeitshilfen*) gearbeitet. Die zu den Entwürfen passenden Lieder sind leider ohne Noten abgedruckt. Von der inhaltlichen und gestalterischen Ausrichtung her wenden sich die Gottesdienstentwürfe eher an etwas ältere Kinder. Aber durch die Form der Gottesdienstgestaltung werden sich die ganz Kleinen auch wohl fühlen. Jedenfalls ist hier ein reicher Schatz an Entwürfen fürs Kirchenjahr und für diejenigen alt- und neutestamentlichen Geschichten, die Kinder besonders ansprechen.

Heike Helmchen-Menke

Gott entdecken Schritt für Schritt

Kindgerechte Gottesdienste gestalten

160 Seiten, kartoniert
ISBN 3-451-26371-8

Der Glaube und das Gottesbild von Kindern entfalten und verändern sich – mit dem Denk- und Vorstellungsvermögen – schrittweise mit den Jahren. Jede Phase bzw. Altersstufe braucht ihre eigene religiöse Sprache und Methodik, die dem jeweiligen Entwicklungsstand angemessen ist. In der Theorie scheint das klar. Aber wie lässt es sich in die Praxis der Kinder- und Familiengottesdienste »übersetzen«?

Anhand verschiedener besonderer Gottesdienstformen zeigt die Autorin Möglichkeiten altersgemäßer Glaubensfeiern mit Kindern auf. Selbst »normale« Sonntagsgottesdienste lassen sich kinder- und familienfreundlicher gestalten. Hinweise zu Inhalt und Form der Feiern werden ergänzt durch beispielhafte Modellentwürfe, die an die Erfahrungswelt der Kinder anknüpfen, und Tipps mit empfehlenswerter Praxis-Literatur.

Herder